Text
Hermann Weinhauer

LANDSER IM WELTKRIEG 3

Im Kessel von Stalingrad – Kampf und Untergang der

6. Armee

EK-2 Militär

Über die Reihe
Landser im Weltkrieg

Jeder Band dieser Romanreihe erzählt eine fiktionale Geschichte, die vor dem Hintergrund realer Ereignisse und Schlachten im Zweiten Weltkrieg spielt. Im Zentrum der Geschichte steht das Schicksal deutscher Soldaten.

Wir lehnen Krieg und Gewalt ab. Kriege im Allgemeinen und der Zweite Weltkrieg im Besonderen haben unsägliches Leid über Millionen von Menschen gebracht.

Deutsche Soldaten beteiligten sich im Zweiten Weltkrieg an fürchterlichen Verbrechen. Deutsche Soldaten waren aber auch Opfer und Leittragende dieses Konfliktes. Längst nicht jeder ist als glühender Nationalsozialist und Anhänger des Hitler-Regimes in den Kampf gezogen – im Gegenteil hätten Millionen von Deutschen gerne auf die Entbehrungen, den Hunger, die Angst und die seelischen und körperlichen Wunden verzichtet. Sie wünschten sich ein »normales« Leben, einen zivilen Beruf, eine Familie, statt an den Kriegsfronten ums Überleben kämpfen zu müssen. Die Grenzerfahrung des Krieges war für die Erlebnisgeneration epochal und letztlich zog die Mehrheit ihre Motivation aus dem Glauben, durch ihren Einsatz Freunde, Familie und Heimat zu schützen.

Prof. Dr. Sönke Neitzel bescheinigt den deutschen Streitkräften in seinem Buch »Deutsche Krieger« einen bemerkenswerten Zusammenhalt, der bis zum Untergang 1945 weitgehend aufrechterhalten werden konnte. Anhänger des Regimes als auch politisch Indifferente und Gegner der

NS-Politik wurden im Kampf zu Schicksalsgemeinschaften zusammengeschweißt.

Genau diese Schicksalsgemeinschaften nimmt »Landser im Weltkrieg« in den Blick.

Bei den Romanen aus dieser Reihe handelt es sich um gut recherchierte Werke der Unterhaltungsliteratur, mit denen wir uns der Lebenswirklichkeit des Landsers an der Front annähern. Auf diese Weise gelingt es uns hoffentlich, die Weltkriegsgeneration besser zu verstehen und aus ihren Fehlern, aber auch aus ihrer Erfahrung zu lernen.

Nun wünschen wir Ihnen viel Lesevergnügen mit dem vorliegenden Werk.

Ihre Zufriedenheit ist unser Ziel!

Liebe Leser, liebe Leserinnen,

zunächst möchten wir uns herzlich bei Ihnen dafür bedanken, dass Sie dieses Buch erworben haben. Wir sind ein kleines Familienunternehmen aus Duisburg und freuen uns riesig über jeden einzelnen Verkauf!

Unser wichtigstes Anliegen ist es, Ihnen ein angenehmes Leseerlebnis zu bieten.

Damit uns dies gelingt, sind wir sehr an Ihrer Meinung interessiert. Haben Sie Anregungen für uns? Verbesserungsvorschläge? Kritik?

Schreiben Sie uns gerne: info@ek2-publishing.com

Nun wünschen wir Ihnen ein angenehmes Leseerlebnis!

Heiko und Jill von EK-2 Militär

Im Kessel von Stalingrad

Das riesige Kellergewölbe schwankt unter dem Detonationsdruck der berstenden russischen Granaten. Wenn die schweren Granaten in der Nähe detonieren, dann geraten die mächtigen Mauern scheinbar in Bewegung. Mauersplitter und Mörtelbrocken rieseln aus großen und kleinen Rissen herab. Feiner, mehliger Staub vernebelt den großen Raum. Die kleinen Flammen der aufgestellten Kerzenstümpfe wackeln nervös in den Luftzügen.

„Herrgott, ich komme mir hier vor, wie in einer alten, vermoderten Gruft, die jeden Augenblick über uns einstürzen wird", brummt Hauptmann Pretzsch. „Da haben wir uns ja ein erstklassiges Quartier ausgewählt."

Er hustet durch den beißenden Staub und schnieft durch seine verstopfte Nase.

„Na ja, über uns befindet sich ein großer Kinosaal mit prachtvollem Ausblick auf die Wolga, da es den sowjetischen Architekten gefallen hat, eine der Wände wieder einzureißen", gibt Unteroffizier Neuhammer lächelnd zurück.

„Danke für den Vorschlag, Neuhammer", antwortet der Hauptmann brummend. „Da bleibe ich lieber hier in meiner staubigen Gruft. Wo bleibt denn der Markquardt? Sollte der nicht schon lange wieder zurück sein?"

„Da oben geht es ganz schön lebhaft zu, Herr Hauptmann. Der Iwan schießt über die Wolga herüber und bekommt es von unserer Ari mit gleicher Münze zurück. Wenn Feldwebel Markquardt …"

Weiter kommt Unteroffizier Neuhammer mit seiner Erklärung nicht. Das Kellergewölbe dröhnt, als ob jemand mit einem riesigen Vorschlaghammer auf einen

Amboss geschlagen hätte. Die Wände wackeln und die kleinen Kerzen erlöschen.

Unterdrücktes Fluchen und Stöhnen ist zu hören.

Hustend quetscht Neuhammer hervor: „Das ist die Heeresflak. Ihre Achtacht-Geschütze sind nebenan in Stellung gegangen. Scheinbar feuern nun auch die zurück."

Auch Hauptmann Pretzsch kann einen Hustenanfall nicht unterdrücken und antwortet abgehackt: „Die fehlen uns noch. Wenn die Roten das mitbekommen, dann schicken sie den ganzen Segen hier her und wir bekommen mächtig was auf die Mütze."

Neuhammer tastet sich durch die Dunkelheit, zündet eine Kerze wieder an und meint dabei: „Auf ein bisschen mehr oder weniger kommt es doch auch nicht mehr an." Er pustet sein Streichholz aus und zuckt mit den Schultern. „Die Lage ist so oder so beschissen."

Plötzlich kommt prasselnd und polternd ein Teil der Decke herabgestürzt. Der Schutt füllt eine Ecke des Raumes aus.

Neuhammer schaut in die Ecke und meint ungerührt: „Jetzt ist auch die zweite Wand zum Teufel. Wenn das so weitergeht, sitzen wir bald im Freien und haben wieder frische Luft."

Der Kompanieführer schaut Neuhammer erstaunt an und meint kopfschüttelnd: „Mit den Nerven sind Sie aber noch gut beisammen, oder?"

Der Unteroffizier lacht und gibt trocken zu seinem Vorgesetzten zurück: „Ach, die reichen noch für eine ganze Weile."

Auf der Steintreppe ist nun Getrappel von genagelten Stiefeln zu hören.

Unteroffizier Neuhammer greift hastig seine MP und bläst die Kerze wieder aus. In den Ruinen von Stalingrad weiß man nie, wer kommt.

Im matten Lichtschein erkennen die Männer jedoch, dass es nur Feldwebel Markquardt und der hinter ihm folgende Gefreite Schirmer sind. Der Gefreite trägt einen vollgefüllten Jutesack auf dem Rücken. Als er ihn auf den Schuttberg legt, scheppert es blechern.

Neuhammer legt seine Maschinenpistole wieder beiseite und zündet die Lichter wieder an.

Hauptmann Pretzsch sieht die beiden verwundert an.

„Was bringen Sie denn da mit, Markquardt? Welcher Metallhandel ist Ihnen denn zum Opfer gefallen?"

Der Feldwebel grinst überlegen.

„Das sind nur ein paar kostenlose Proben aus der netten Konservenfabrik aus der Nachbarschaft. Ist aber nichts Besonderes, nur Hammelfleisch. Wo das gute Zeug ist, da hockt noch der Iwan drin. Aber mal schauen, wie lange noch."

„Nicht schlecht", lobt der Kompanieführer. „Aber was gibt es denn dazu?"

Markquardt zuckt mit den Schultern.

„In der Brotfabrik sollen noch allerhand gute Sachen liegen. Da ist aber noch kein Rankommen. Kann aber nicht mehr lange dauern."

Der Hauptmann hebt beschwichtigend die Hände.

„Langsam, Markquardt. Bis zu der liegt noch die ein oder andere Stellung. Das wird kein Spaziergang."

Der Feldwebel gibt eine geringschätzige Bewegung zurück.

„Es geht überall mächtig voran, Herr Hauptmann. Da kann nicht mehr viel schief gehen. Die Gießerei und die Schwefelsäurefabrik sind schon so gut wie in unserer Hand. Die Bolschewiken im metallurgischen Werk und den Stahlwerken am Südbahnhof sind ebenfalls langsam am Ende. In höchstens zwei bis drei Tagen werden der Nordteil und Stalingrad-Mitte erledigt sein und dann gilt es nur noch den Saustall auszumisten."

Hauptmann Pretzsch sieht den Feldwebel misstrauisch an.

„Na, Markquardt, Sie sind doch nicht etwa auch in eine Schnapsbrennerei eingekehrt?"

Der Feldwebel lacht auf.

„Schön wäre es, Herr Hauptmann. Aber die Brüder haben hier ja auch nichts mehr. Hier herrscht doch Elend von oben bis unten. So lang wie das Nest ist, so elend ist es auch."

Als ob man seine Worte Lügen strafen möchte, hämmern ganz in der Nähe russische Maschinengewehre und es detonieren Handgranaten.

Hauptmann Pretzsch sieht den Feldwebel vielsagend an.

Dieser winkt aber nur ab und meint: „Ach, das sind nur die letzten Zuckungen. Die armen Schweine drüben müssen weiterhin ran, weil ihre Kommissare mit gezogener Knarre hinter ihnen stehen und sie eiskalt abknallen, wenn sie nicht so machen, wie die wollen. So oder so ist für die aber nichts mehr zu retten. Morgen früh treten die Kameraden an und kassieren die Fährstelle ein. Dann ist der Ofen aus."

Hauptmann Pretzsch hört jedoch nur noch mit halbem Ohr hin.

Unteroffizier Neuhammer lächelt spöttisch.

„Du bist aber ganz schön in Stimmung, Otto."

Der Angesprochene fährt hoch.

„Ist es etwa nicht so? Das machen unsere Kameraden von der 295. doch mit der linken Hand beim Vorbeimarsch. Immerhin sind die gerade dabei, die Pak und die Granatwerfer am Hauptbahnhof zu erledigen. Nur dieses verdammte Getreidesilo macht denen noch Schwierigkeiten. Wer weiß, wieso die Thüringer Musterknaben da nicht so recht vorankommen."

Pretzsch meldet sich nun wieder zu Wort.

„Was sagt das Bataillon dazu?"

„Der Bataillonsstab ist nicht mehr in der Landwirtschaftsschule. Die existiert nämlich nicht mehr. Die hohen Herren residieren nun im Waagehaus des ehemaligen Rübenkombinats. Leider gibt es keine Telefonverbindung. Das muss nun alles mit Meldern gemacht werden. Darum mussten wir so lange herumstreunern. Kein Mensch weiß was Genaues und die ganze Luft in Stalingrad ist extrem eisenhaltig. An jeder Ecke knallt es." Markquardt öffnet gerade eine der Fleischdosen mit dem Seitengewehr und meint beiläufig: „Ach, das hätte ich beinahe vergessen." Er wirft ein paar halb zerrissene Blätter auf eine alte Handgranatenkiste, die als Tisch dient. „Der Tagesbefehl. Besser spät als nie. Auch beim Bataillon geht es drunter und drüber. Kein richtiger Schreibstubendienst mehr, kein vernünftiger Schriftverkehr. Kaum ist ein Befehl raus, da ist alles schon wieder vollkommen anders."

Der Hauptmann sieht sich die Blätter skeptisch an.

„Hab mich ein paar Mal hinschmeißen müssen, darum sind sie etwas beschädigt", meint der Feldwebel entschuldigend.

Auch Neuhammer kann einen kurzen Blick auf die Blätter werfen. Er erkennt unter anderem einen Stadtplan von Stalingrad. Die Zariza-Schlucht ist rot eingezeichnet. Ein dicker Pfeil weist auf eine Stelle am

Wolgaufer. Einige kleine Pfeile weisen auf die Puschkinstraße.

Hauptmann Pretzsch überfliegt den Tagesbefehl, aber dies war alles bereits veraltet und überholt. Dann wendet er sich genauer dem Stadtplan zu. Die Männer stehen um ihn herum.

„Also hier", er deutet mit dem Finger auf den dicken roten Pfeil. „Hier steckt der Oberrusse! Wir werden ihn und auch seinen Stab wohl wie Feldhamster ausgraben müssen. Freiwillig werden die wohl kaum rauskommen. Haben Sie vielleicht auch erfahren, wer mitmacht und wann es losgeht, Markquardt?"

Ohne aufzublicken antwortet dieser: „Wer mitmachen wird, steht noch nicht fest. Das Bataillon stellt noch fest, wer frei ist. Die einzelnen Haufen sind ja mit Aufträgen zugepflastert. Aber ich kann mir nicht vorstellen ..."

Plötzlich knallt es ohrenbetäubend und die Decke platzt förmlich auseinander. Es regnet Steinbrocken und Schutt.

„Raus!", brüllt Hauptmann Pretzsch und angelt im Dunkeln schnell nach dem Papierkram. „Neuhammer, passen Sie mir ja gut auf den Stadtplan auf!", ruft er im Lärm dem Unteroffizier zu.

Frank Neuhammer steckt den Stadtplan grob zusammengefaltet in die Uniformbluse und eilt zur Steintreppe. Diese ist teilweise zusammengestürzt, die Stufen abgerutscht. Die Männer müssen über Schutthalden klettern und sich durch einen engen Durchschlupf hindurchzwängen. Ein Stück der breiten Toreinfahrt steht noch. Um sie herum krachen die schweren Einschläge der Artillerie. Ganz in der Nähe knallen Gewehrschüsse und es explodieren Handgranaten. Weiter rechts kann Neuhammer Granatwerfer ploppen hören. Die Posten liegen hinter einer zusammengefallenen Mauer in Deckung. Immer wieder zwitschern Leuchtspurfäden aus den Hausruinen zu ihnen herüber.

Im Augenwinkel sieht Neuhammer eine schemenhafte Gestalt heranhetzen. Mit einem Riesensatz springt diese zum Toreingang und landet auf Hauptmann Pretzsch. Blitzschnell rollt der Mann zur Seite und will zum Schlag ausholen. Neuhammer und Schirmer wollen ihn gerade packen. Im Aufzucken einer Explosion erkennen dann aber die beiden den Mann und dieser lässt ebenfalls den Arm sinken.

„Mensch, gerade noch das Deutsche Kreuz an Ihrer Brust erkannt, Herr Hauptmann", meint der Soldat Jürgens, ein Melder vom Bataillon.

Geduckt hinter einem Schutthaufen kniend, klopft sich Hauptmann Pretzsch die Uniform ab.

„Was gibt es denn, Jürgens?"

„Die Kompaniechefs sollen sofort zum Kommandeur. Gleich hinter dem Sägewerk. Die Einweiser stehen an der Straße. Alles ist abmarschbereit zu machen!", meldet dieser und eilt weiter.

Pretzsch sieht ihm nach.

„Ein ausgezeichneter Bursche", meint er und nickt anerkennend. „Feldwebel Markquardt, trommeln Sie unsere Männer zusammen und Sie, Neuhammer, kommen mit mir."

Die Männer warten noch den nächsten Einschlag ab und rennen dann die Straße hinunter.

Das Sägewerk brennt lichterloh und ein nahestehender Wasserturm steht bereits schräg, da sein Fundament von mehreren Granaten getroffen wurde. Pretzsch und Neuhammer halten Ausschau nach dem Einweiser. Sie entdecken ihn hinter einem Pfeiler kauernd. Von links kommt ein Pioniertrupp vorbei. Langsam verlegen die russischen Batterien ihr Feuer mehr nach Süden und zur Altstadt. Daher schlagen hier nur noch vereinzelt Granaten ein. Kurz nach den Chefs der 1. und 2. Kompanie sowie der zugeteilten sMg-Züge trifft auch der Bataillonskommandeur ein.

„Guten Abend, meine Herren. Wir wollen uns hier auch nicht lange aufhalten und gehen gleich zum Chef. Es ist nicht weit von hier, nur ein paar Schritte die Straße hinüber."

Ein schwerer Brocken orgelt vorbei. Die Männer können es am Klang erkennen. Irgendwo in der Nähe der Bahnlinie schlägt er ein, ohne zu detonieren. Ein Blindgänger.

Der Kommandeur erklärt den anwesenden Männern: „Bei der Fähre ist der Feind durchgebrochen. Mehr weiß ich im Moment selbst nicht. Angeblich mit Panzern. Genaueres werden wir gleich hören."

Der Gefechtsstand des Regiments befindet sich in der Werkshalle einer Möbelfabrik. Der Zugang ist nur durch einen Abwasserschacht möglich. Neben dem Einstieg stehen Posten und es sind zwei Maschinengewehr-Stellungen aufgebaut. Eine eiserne Leiter führt die Männer in die Tiefe hinab. Sie werden von einem Wachtmeister geführt.

„Der Schacht geht bis zur Wolga. Am anderen Ende hockt der Iwan. In der Einmündung des eigentlichen Schachts steht eine Pak und ein weiteres sMG", erklärt dieser. „Hier unten ist alles verzweigt und verwinkelt. Wer weiß, was noch alles zwischen uns und den Iwans liegt. Von überall her kann man überall hin."

Sie kommen an einer großen Wand eines Maschinenhauses entlang. Neuhammer sieht die riesige Wandkarte hängen. Es ist ein Stadtplan von Stalingrad. Sie reicht von der Decke bis zum Boden und ist gut und gerne zwei Meter in der Breite.

Dort wo die Nordstadt und das Zentrum gezeigt wird und besonders im Bereich der Südstadt sind viele rote und blaue Pfeile sowie Kringel eingezeichnet. Neuhammer erkennt, dass die roten Pfeile die sowjetischen Stoßrichtungen zeigen und die blauen, die der deutschen Verbände. Dort sind sogar die Nummern der deutschen Verbände aufgeführt.

Die kleine Gruppe bleibt stehen und besieht sich die Karte.

„Sehr interessant, nicht wahr", meint nun der Regimentskommandeur im Rang eines Obersts beim Anblick des Stadtplans. „Das lässt auf so einiges schließen und wird uns einiges an Kopfzerbrechen ersparen." Er war unbemerkt zu der kleinen Gruppe gestoßen. „Zu unserem Glück hat niemand von den Roten daran gedacht, die Karte mitzunehmen oder wenigsten sie zu zerstören, als sie von hier flüchten mussten." Der Oberst streckt sich und stellt sich auf seine Zehenspitzen. Mit dem Zeigefinger zeigt er nun auf einen Punkt der Zariza- Schlucht. „Hier befindet sich der russische Armeegefechtsstand. Er liegt tief unter der Erde. Nach unseren Informationen sollte er noch vorhanden sein, denn die Herren sind vielleicht vieles, aber feige sind sie nicht."

Plötzlich fängt der Betonboden an zu wanken und die riesigen Maschinenblöcke klirren und ächzen.

„Russische Ari", führt der Regimentskommandeur weiter aus. „Gehört mit zur angekündigten feindlichen Verstärkung und bestätigt die Richtigkeit unserer Vermutungen. Unser Abhörtrupp hat sowjetische Funksprüche abgefangen. Tschuikow erwartet nennenswerte Verstärkungen von drüben her. Noch in

dieser Nacht soll eine komplette Gardeschützendivision über die Wolga herübergebracht werden. Die Sowjets müssen die Anlegestellen im Hafen unter allen
Umständen offen halten. Wir wiederum müssen genau das verhindern, den Brückenkopf ausschalten
und das Eingreifen der Gardeschützendivision blo-
ckieren. Diese Division darf unter keinen Umständen
über die Wolga übersetzen! Ist das soweit klar, meine
Herren?"

Die versammelten Herren nicken, denn es war alles
klar.

Die Ansprache geht weiter: „Im Augenblick sind wir
Reserve und liegen der gefährdeten Stelle am nächsten. Also bleibt diese hübsche Unternehmung an uns
hängen. Nach vorliegenden Informationen ist die Besatzung des Brückenkopfes nicht sehr stark und so
ziemlich am Ende. Dies ist aus ihren verzweifelten
Hilferufen zu entnehmen. Darüber hinaus ist in dem
Winkelwerk nicht sonderlich viel Platz. Ich gehe
davon aus, dass das II. Bataillon dafür genügen wird.
Da Major Plötz verwundet ist, werde ich selbst die
Führung übernehmen. Ich bin mir sicher, wir werden
im Handumdrehen damit fertig sein. Also halten Sie
sich bereit, meine Herren. Es kann jeden Augenblick
soweit sein. Auf Wiedersehen, Herrschaften."

Die Kompaniechefs machen sich wieder auf den
Weg zu ihren Gefechtsständen. Es herrscht eine recht
starke Gefechtstätigkeit und ein unaufhörliches Pfeifen und Zwitschern ist zu vernehmen. Sie müssen sich
sprungweise fortbewegen. Die russischen Batterien legen einen dichten Feuervorhang vor das Hafengelän-
de. Einige der Granaten verirren sich ab und an auch
bis zu ihnen.

Splitter jaulen durch die Luft. Teile von brennenden Dachstühlen, halbe Hausfassaden und auch abgerissene Balkone kommen herabgestürzt.

Die Männer um Hauptmann Pretzsch und Unteroffizier Neuhammer müssen sich immer wieder hinwerfen oder in Toreingängen und hinter Mauerstümpfen in Deckung gehen. Dort warten sie die nächste Feuerpause ab und hetzen dann wieder weiter.

Bei all dem Springen und in Deckung gehen, gerät die Gruppe auseinander. In einem aufgerissenen Kanalschacht trifft Unteroffizier Neuhammer auf den jungen Chef der 1. Kompanie.

Sie drängen sich eng aneinander und lassen den Feuerorkan über sich hinwegfegen.

„Schöne Reden kann der Herr Oberst ja halten", sagt der junge Oberleutnant wütend. „Ist ja auch kein Kunststück, wenn ich zehn Meter unter der Erde sitze und sicher aufgehoben bin. Die Drecksarbeit dürfen ja andere machen."

Unteroffizier Neuhammer sieht sich in der Pflicht, seinen Regimentskommandeur in Schutz zu nehmen.

„Sie tun ihm Unrecht, Herr Oberleutnant. Hauptmann Pretzsch hat mir einige Dinge über den Herrn Oberst gesagt. Aber auch ich selbst habe ihn oft ganz vorn gesehen. Wenn es ernst wird, fährt er mitten in den größten Dreck hinein. Da kennt er nichts. Unsere Einheit unter Hauptmann Pretzsch war mit ihm bei der Schlacht im Süden von Kiew oder auch im Donezk-Gebiet. Dafür hat der Herr Oberst dann ja auch das Ritterkreuz bekommen. Aber erst nachdem sie ihn wieder notdürftig zusammengeflickt hatten!"

Der Oberleutnant sieht Neuhammer verwundert an.

„Hm, sieht gar nicht danach aus."

Für einen Augenblick wird es draußen etwas ruhiger.

„Jetzt geht's anscheinend wieder. Los, ab dafür!", meint der junge Offizier.

Die beiden Männer sprinten los. Aus einer Seitenstraße kommt Hauptmann Pretzsch heraus. Sie werfen sich wieder in einen halb verschütteten Hauseingang.

„Ich bin abgedrängt worden und da bin ich einfach quer durch die Häuser. Da ist ja alles offen."

„War da niemand mehr drin?", fragt Neuhammer erstaunt.

„Hin und wieder ein paar Rotarmisten, aber die haben ja nur Augen für die Straße. Hab mich vorbeigeschlichen."

Nach weiteren Minuten des sprungartigen Vormarschs, kommen die Männer wieder bei den Resten ihrer Einheiten an.

Schon bald beginnt der Angriff. Der Zugang zum Hafen wird von einer nahezu ausgebluteten sowjetischen Reservekompanie gesperrt. Ihr linker Flügel stützt sich auf den brennenden Holzlagerplatz. Rechts von ihnen legen sowjetische Batterien einen undurchdringlichen Feuervorhang hin und machen einen Umgehungsversuch der deutschen Einheiten unmöglich.

Pretzsch, Markquardt und Neuhammer sowie die restlichen Männer der deutschen Angriffstruppen liegen im Staub und Dreck Stalingrads und arbeiten sich immer weiter vor. Gerade in diesem Augenblick setzt die 13. Gardeschützendivision in hunderten von Booten über den Strom und geht an Land. In gepanzerten Fähren werden Geschütze und Granatwerfer herübergebracht. Mehr und mehr werden die deutschen Soldaten in die Defensive gedrängt. Die Lage beginnt immer kritischer zu werden.

Der Oberst setzt sich an die Spitze eines führerlosen Zuges und versucht einen Flankenangriff. Er stürmt mit seinen Männern quer über den brennenden Holzlagerplatz. Doch es soll nicht mehr gelingen. Mit jedem Boot und jeder Fähre wird der Feind stärker. Vielleicht fünf Minuten eher und das Unternehmen der Deutschen hätte gelingen können. So bilden die Gardeschützen jedoch Stoßtrupps und greifen an.

Es kommt zu erbitterten Gefechten. Neuhammer und Markquardt werden in blutige Nahkämpfe verwickelt. Die Soldaten bekämpfen sich mit Spaten, Seitengewehren und mit bloßen Händen. Trotz aller Tapferkeit müssen sich die deutschen Landser zurückziehen. Hauptmann Pretzsch sammelt seine restlichen Männer und gemeinsam gehen sie sprungartig in die Ausgangsstellungen zurück.

Beim Absetzen sieht Unteroffizier Frank Neuhammer, wie der Regimentskommandeur mit den letzten ihm verbliebenen Männern den Rückzug des restlichen Bataillons deckt. Schuss um Schuss jagt er aus seinem Karabiner hinaus. Zuletzt steht er aufrecht hinter einer niedrigen Mauer. Dabei wird er letztendlich niedergestreckt, aber er und seine Männer ermöglichen es dem Rest sich zurückzuziehen. Keiner seiner Männer schafft es in die deutschen Stellungen zurück.

Die Russen feuern unablässig hinter den zurückgehenden Deutschen her. Hauptmann Pretzsch bekommt einen Schuss in die rechte Schulter. Er wird herumgeschleudert und fällt der Länge nach auf den Boden. Markquardt und Neuhammer schnappen sich den Offizier und zerren ihn in Deckung, um ihn notdürftig zu verbinden. Er schreit bei jeder Bewegung laut auf. Viel Zeit bleibt ihnen nicht. Die Russen drängen nach.

Dennoch erreichen sie die Ausgangsstellung und können sich dann weiter zurückziehen.

Hauptmann Pretzsch, Markquardt, Neuhammer und die anderen sitzen wieder in ihrer Deckung. Sie hören von weitem den Gefechtslärm und sehen am Himmel die Stukas niederstürzen. Unteroffizier Neuhammer schaut aus seiner Deckung. Gerade setzt eine Reihe der Ju 87 zum Sturzflug an. Der Unteroffizier kann das entnervende Heulen der Sirenen hören. Kurz danach krachen die Detonationen. Markquardt sieht seinen Kameraden fragend an. Neuhammer wischt sich ein dünnes Blutrinnsal aus dem staubigen Gesicht.

„Die Stukas beharken gerade die Iwans auf dem Mamajew Kurgan. Jetzt können wir den Hauptmann zum HVP bringen."

„Glück gehabt, Hauptmann Pretzsch", meint der Stabsarzt im Hauptverbandsplatz mit einem leichten Lächeln. „Es ist nichts Besonderes. Das Projektil ist stecken geblieben und quetscht nun einen Nerv gegen das Schlüsselbein. Daher der wahnsinnige Schmerz. Jetzt heißt es, Zähne zusammenbeißen. Ich muss die Kugel entfernen."

Als der Stabsarzt in den Schusskanal eindringt, um das Projektil zu entfernen, treibt es dem Hauptmann den Schweiß auf die Stirn. Er krallt sich mit den Fingern in die Liege. Der Arzt macht es jedoch sehr geschickt und findet den kleinen Metallgegenstand sehr schnell. Sofort macht er sich zum nächsten schweren Fall auf.

Pretzsch bekommt noch eine Spritze und will sich wieder aufmachen. Der zuständige Sanitätsfeldwebel kann ihn gerade noch bremsen.

„Herr Hauptmann, Sie müssen sich noch eine halbe Stunde ruhig hinlegen. Ansonsten wirkt das Zeug nicht!"

Zähneknirschend legt Pretzsch sich also hin. Zur Ruhe kommt er allerdings nicht. Die Tür in dem stickigen Raum pendelt ununterbrochen hin und her. Ein Krankenträger gibt dem nächsten förmlich die Klinke in die Hand. Sie bringen zerfetzte und stöhnende Soldaten hinein. Nach wenigen Minuten hat Pretzsch genug und er überlässt einem Gefreiten, dem beide Beine zerschmettert wurden, seinen Platz.

Er geht schmale Gänge entlang, stolpert über Verwundete und Sterbende. Jedes freie Plätzchen ist belegt.

Der Hauptmann öffnet erleichtert die schwere Metalltür und tritt ins Freie. Dort wartet Unteroffizier Neuhammer auf seinen Vorgesetzten hinter einem kleinen Versorgungshäuschen. Gerade will er aufstehen und zum Hauptmann gehen, da sieht er, wie der Kopf des Offiziers nach hinten gerissen wird, sich eine blutige Wolke am Hinterkopf bildet und ein Gemisch aus Blut, Knochen und Hirnmasse an die Wand geschleudert wird. Pretzsch sackt lautlos zusammen. Geschockt bleibt Neuhammer wie angewurzelt stehen.

Selbst in den schon gesäuberten Stadtteilen wird immer wieder gekämpft.

Jedes Haus, nahezu jede Straßenecke und jeder Toreingang muss mehrfach erstürmt und genommen werden.

Zumeist im Nahkampf Mann gegen Mann. Zwischen den Kämpfen erscheinen die Sturzkampfbomber und die Artillerie liefert sich gnadenlose Duelle. Bereits zerstörte Häuser und Straßenzüge werden wieder und wieder umgepflügt.

Wenn es jaulend heranfaucht, dann werfen sich die Männer in Deckung und pressen sich in die feuchte Erde. Dann liegen Landser und Rotarmisten in engstem Raum nebeneinander, Kumpel aus dem Ruhrgebiet, Fischer aus dem Memelland, Sibirer und Eismeermatrosen.

Sie halten den Atem an und die Herzen schlagen bis zum Hals.

Kaum ist die Feuerwalze über sie hinweggezogen, da wischen sie sich den Dreck aus dem Gesicht und kämpfen weiter. Viele bleiben liegen, für sie ist der Kampf für immer vorbei.

Markquardt, Neuhammer und die restlichen Landser ihrer Einheit kämpfen sich zusammen mit Sturmpionieren weiter vor. Bis zur nächsten Hausruine, zur nächsten Werkshalle. Kaum haben sie das Objekt gesäubert, da kracht es im Hinterland erneut.

„Verdammt noch mal. In dieser verfluchten Stadt gibt es einfach kein Vorne und kein Hinten", presst Markquardt hervor und schlägt mit der Faust gegen die Wand der
Werkshalle.

Wieder müssen Landser zurück, um das Gelände erneut freizukämpfen.

Der Rest der Landser hockt in der Werkshalle. Sie kauen auf Brocken von steinhartem Brot oder sie gehen auf eine sogenannte Besorgungstour.

An der gegenüberliegenden Straßenseite steht eine umgestürzte russische Feldküche. Ihr Kessel ist jedoch leer.

Die Handvoll Soldaten ist alles, was von der Kompanie übriggeblieben ist. Das wusste jedoch noch keiner der anwesenden Soldaten. In Stalingrad ist es nicht selten, dass ein Haufen auseinandergerissen wird und sich dann nach und nach wieder zusammenfindet. So vergeht Stunde um Stunde.

„Mensch, wo steckt nur der Markquardt so lange?", fragt Unteroffizier Neuhammer und kaut auf einem trockenen Brotkanten herum. „Es wird ihn doch wohl nicht erwischt haben?"

„Ach, um den mach Dir mal keine Sorgen", knurrt Feldwebel Riehl mürrisch und schluckt gerade ein dünnes Stück Kommissbrot hinunter. „Dem passiert nichts. Der scheint mindestens sieben Schutzengel zu haben."

Riehl fährt wütend auf: „Was muss er denn auch immer in der Gegend herumschleichen? Wir hocken hier wie die letzten Deppen und wissen mal wieder von nichts."

Unteroffizier Frank Neuhammer winkt ab.

„Na, was denn? Einer muss doch wohl herumschleichen und der Markquardt kennt jeden Funker und zieht ihnen auch die kleinsten Informationen aus der Nase. Schließlich wissen die Funker oftmals mehr als so mancher General. Die bekommen schließlich alles mit und spielen es sich unter der Hand zu."

Riehl setzt sich wieder und meint versöhnlich: „Ja, schon gut. Hast ja recht."

„Die Ruhe macht mich fertig", meint unvermittelt der Gefreite Schirmer. „Ich traue den Roten nicht. Die hecken bestimmt wieder irgendeine Teufelei aus."

Der Obergefreite Paul Jakob lacht spöttisch auf.

„Oh Mann, bei denen ist der Ofen aus, mein Lieber. Da glimmt nur noch ein bisschen Asche, mehr nicht. Was die Roten schon alles drauf bekommen haben, das ist selbst für die zu viel. Zwei, drei Tage noch, dann haben wir sie aus diesem Kaff raus. Weihnachten, Kameraden, Weihnachten sind wir wieder Zuhause! Vielleicht dauert es nicht mal mehr so lange!"

Schritte nähern sich. In der Werkshalle hallt das Geklapper der genagelten Stiefel hohl wieder.

Blitzschnell hat jeder der Soldaten das Gewehr schussbereit.

„Das ist er nicht", flüstert Neuhammer. „So unvorsichtig trampelt der nicht herum."

„Herankommen lassen und dann zuschnappen", flüstert Riehl zurück.

Es war Feldwebel Otto Markquardt. Er spaziert unbekümmert durch die Gegend. Über seiner linken Schulter hängen zwei prall gefüllte russische Brotbeutel.

„Erledigt", sagt er mit aller Ruhe und setzt sich auf eine alte Öltonne. „Alles in Butter. Das hier habe ich Euch mitgebracht. Eine kleine Kostaufbesserung. Die früheren Besitzer brauchen es nicht mehr."

Der Gefreite Schirmer stülpt die Brotbeutel um. Es kommt geräucherter Fisch zum Vorschein. Wohlgenährt, fett und appetitlich. Die zarte Haut schimmert goldfarben. Der Gefreite strahlt über das ganze Gesicht und schnalzt mit der Zunge.

Riehl schaut misstrauisch.

„Das ist ja ganz toll, aber das ist keine Verpflegung für den einfachen Iwan."

Markquardt grinst wissend.

„Richtig, ein Oberst und zwei Majore", bestätigt er und zündet sich eine Papirossa an. „Hab sie unter einem abgestürzten Balkon gefunden. Außer dem Essen hatten sie noch eine Handvoll Zigaretten und eine handgezeichnete Lageskizze. Ist nicht viel, aber wir können es gebrauchen."

„Und wo sind die Iwans?", fragt Neuhammer.

„Die sind zurückgegangen. Die Verwundeten haben sie mitgenommen, die Toten allerdings nicht. Allgemein können sich die hohen Herren wohl kein klares Bild machen. Es geht alles durcheinander", antwortet Feldwebel Markquardt.

Unteroffizier Frank Neuhammer kratzt sich nachdenklich am stoppeligen Kinn.

„Es sieht also nicht sonderlich gut aus, oder?"

Markquardt beißt in ein Stück des Trockenfischs und antwortet kauend: „Das kann man noch nicht sagen. Leicht wird es nicht werden. Die Iwans sitzen zwar in der Falle, aber die versuchen sie auch aufzubrechen."

Jetzt spuckt der Obergefreite Paul Jakob verächtlich aus: „Pah, die haben doch nichts mehr zu bieten! Warum also das umständliche Getue? Drauf, reinfahren und endlich Schluss machen! Was kann denn noch viel vor uns sein?"

Feldwebel Hans Riehl wischt sich über seine müden, mit dunklen Ringen gezeichneten Augen.

„Nur noch ein paar Kleinigkeiten. Hüttenwerke, die Brotfabrik, die chemische Fabrik Lazur, die Geschützfabrik und noch ein paar Leckerbissen zum Zähne ausbeißen. Und wenn das alles geschafft ist, dann kommt ein besonderes Filetstück, Dserschinski!"

„Was ist denn das nun wieder?", fragt Jakob misstrauisch.

Riehl winkt ab.

„Ach, nur das größte Panzerwerk Russlands. Zumindest des europäischen Teils Russlands."

„Lächerlich!", erwidert der Obergefreite zuversichtlich, „Unsere Stukas hauen die Bruchbude schon ordentlich zusammen."

„Hoffentlich, mein lieber Jakob, hoffentlich", Riehl wendet sich nun wieder zu Feldwebel Markquardt: „Wo steckt denn eigentlich die Kompanie?"

Der Angesprochene zögert ein wenig.

„Die gibt es nicht mehr. Wir sind der Rest. Alle anderen sind gefallen, verwundet oder vermisst."

Riehl sieht ihn wie vom Blitz getroffen an.

„Und die anderen?"

Otto Markquardt senkt betroffen den Kopf.

„Vom ganzen Bataillon ist nicht mehr viel da. Wenn man alles zusammenschmeißt, dann wird vielleicht ein schwacher Zug daraus. Viel mehr jedenfalls nicht."

Feldwebel Riehl sitzt immer noch wie versteinert da.

„So sieht es also um uns aus."

Markquardt nickt stumm.

Nach einigen Sekunden des Schweigens meint er: „Wir müssen so schnell wie möglich zu einem richtigen Haufen und bei dem untertauchen und das bevor uns der Heldenklau erwischt und verheizt. Hinten rennen die Kettenhunde herum. Denen hängt schon die Zunge vor Eifer heraus und fangen alles zusammen." Er wischt sich mit der schmutzigen rechten Hand über sein verdrecktes Gesicht. „Das überrascht mich nicht, ist in schweren Zeiten immer so. Aber keine Sorge, ich hab schon einen Plan." Er macht eine kurze Kunstpause und spricht dann ruhig weiter: „Drüben hinter der Ölmühle liegt eine sMG- Kompanie. Sie ist noch gut beisammen. Das ist zwar auch keine angenehme Sache, aber immer noch besser, als hier auf verlorenem Posten herumzukrebsen. Zufällig kenne ich den Oberleutnant, der diesen Haufen führt. Also könnte sich das machen lassen."

Riehl schlägt sich auf die Oberschenkel und steht auf.

„Na, das ist doch ganz was Tolles. Der Herr Feldwebel Markquardt kennt mal wieder den richtigen Mann an der richtigen Stelle. Und was weiter? Was machen wir dann?"

„Bei der sMG-Kompanie ist es allemal besser als…"

Mitten im Satz hört Markquardt auf zu reden.

Drei grimmig dreinblickende Soldaten tauchen im Tor der Werkshalle auf. Karabinerläufe schieben sich vor und der Soldat in der Mitte entsichert hörbar eine Nullacht.

Eine Kommandostimme ertönt.

„Na, was machen Sie denn hier, Herrschaften? Wollt Euch doch nicht etwa einbuddeln und den Endsieg abwarten? Raus hier!"

Feldwebel Otto Markquardt zuckt mit keiner Wimper.

Er erhebt sich langsam, nimmt Haltung an und meldet vorschriftgemäß: „Feldwebel Markquardt, ein Feldwebel, ein Unteroffizier und acht Mannschaften von der Kampfgruppe Nordwest 3 auf Sicherung. Keine besonderen Vorkommnisse."

„Na, sowas", entfährt es dem fremden Hauptmann. „Kampfgruppe Nordwest 3? Davon habe ich noch nie etwas gehört." Er dreht sich zu einem seiner Begleiter. „Was meinen Sie dazu, Baumgardt?"

Der angesprochene Feldwebel zuckt mit den Schultern.

„Alles möglich, Herr Hauptmann. Jede Stunde bringt etwas Neues. Kann durchaus stimmen."

Der Hauptmann mit dem Kettenschild um den Hals wendet sich wieder zu Markquardt und seinen Männern.

„Habt Ihr Einsatzbefehle?"

Der Feldwebel greift in seine Manteltasche und holt einen zerknüllten Zettel hervor.

„Jawohl, Herr Hauptmann."

Der Hauptmann schaut sich den Zettel an und stutzt.

„Sturmbannführer Krause? Wieso Sturmbannführer?"

Vollkommen emotionslos erwidert Markquardt: „Das ist der neue Kampfgruppenkommandeur. Vor etwa eineinhalb Stunden eingeflogen. Er kommt angeblich aus der Führerreserve. Soll ein Spezialist für den Häuserkampf sein, ein ganz scharfer Hund."

Der Hauptmann gibt den Zettel wieder zurück.

„Sieht ganz so aus. Nun gut, Feldwebel, machen Sie ruhig weiter."

Der Hauptmann dreht sich um und seine beiden Begleiter folgen ihm. Markquardt und seine Männer sehen noch, wie die drei Soldaten angeregt miteinander diskutieren.

Plötzlich bekommt es Markquardt mit der Eile zu tun.

„Los, höchste Eisenbahn, dass wir von hier verduften."

„Und der Sturmbannführer?", fragt Riehl.

Otto Markquardt schnappt sich seinen Karabiner.

„Den gibt es nicht, hab ihn bloß erfunden. Heutzutage ziehen nur noch scharfe Sachen und das war das schärfste, was mir eingefallen ist. Wer legt sich schon gern mit der SS an?"

Riehl sieht ihn ungläubig an.

„Aber der Stempel auf dem Einsatzbefehl sieht unheimlich echt aus, auch die Unterschrift."

„Sind sie auch. Der Stempel ist beim Draufhauen nur ein bisschen herumgedreht worden, damit man die Dienstnummer nicht richtig sehen kann. Ein kleiner Trick vom Schreibstubenhengst der sMG-Kompanie. Fällt bei der Aufregung überhaupt nicht auf. Die Unterschrift habe ich ein wenig hingeschnörkelt. Man muss schon mal was riskieren für die Freiheit."

„Heiliger Strohsack! Du bist ja ein ganz ausgekochter Hund", ächzt Riehl.

Schnaufend suchen die Männer ihre Sachen zusammen.

Bis zur sMG-Kompanie hinter der Ölmühle sind es keine 800 Meter. Dazwischen liegt jedoch ein freier Platz. An vielen Stellen sind die Pflastersteine aus der Straße herausgebrochen und wurden zu Haufen aufgeschichtet. Dicht neben der Straße bei dem Bürgersteig gähnen Schützenlöcher und es gibt Laufgräben. Der Platz kann vom Feind eingesehen werden und ist demnach gefährlich.

Das kleine Häuflein rund um Feldwebel Markquardt stolpert durch zerstörte Häuser, klettert über Trümmerhaufen und Mauerreste hinweg. Sie stapfen durch ausgebrannte Stuben und Kammern.

An der Ecke des Platzes steht ein Warenhaus. Seltsamerweise ist es, bis auf ein paar Löcher in der Fassade, fast unbeschädigt. In langen Regalreihen liegen dort blecherne Wanduhren, Stoffballen, billiges Küchengeschirr, Weidenkörbe und bergeweise Holzpantoffeln.

Ein Krachen lässt die Männer zusammenfahren. Um sie herum kommt alles in Bewegung.

„Raus!", brüllt Markquardt.

Er rennt bereits zur Tür hinaus und springt in das nächstbeste Schützenloch. Die anderen Soldaten rennen ihm nach. Schon geht es los. Sowjetische Artillerie schießt Streufeuer. Anschließend ist vom Kaufhaus nicht mehr sehr viel vorhanden. Die ganze Gegend hat ein vollkommen anderes Gesicht.

Hustend und spuckend arbeitet sich Feldwebel Markquardt aus seinem Deckungsloch hinaus. Nacheinander kommen auch die anderen zum Vorschein. Unteroffizier Neuhammer sitzt auf dem Rand eines Kraters und zählt angespannt die Stahlhelme. Als er sieht, dass alle noch da sind, brummt er zufrieden.

Kurz darauf äugt er zur anderen Seite des Platzes hinüber.

„Deckung!"

Alles verschwindet von der Oberfläche. Aus einer Gasse kommt langsam und behäbig ein grüner Stahlhaufen herangerollt. Ein T 60. Er hat zwar nur gut sechs Tonnen und eine 20 mm MK TNSch Kanone, aber hier kann er sich wie ein König aufführen. Die Landser haben nur wenig mehr als ihre Infanteriewaffen bei sich.

Glücklicherweise kommt der Panzer nicht näher. Er scheint zu zögern. Sein Turm dreht sich nach links und rechts. Nun schiebt sich ein Kopf aus dem Turm und beobachtet das Gelände. Die Landser halten den Atem an. Wird der Kommandant sie entdecken?

„Was haben wir noch an Waffen?", flüstert Markquardt.

Der Obergefreite Jakob hat noch drei Stielhandgranaten im Koppel stecken. Der Feldwebel legt sie vor sich hin und schnürt sie mit seinem Essgeschirrriemen zu einer geballten Ladung zusammen.

Der Unteroffizier Neuhammer holt seine letzte Hafthohlladung hervor. Wenn nicht alles schief läuft, sollten diese Sachen reichen, wenn es sein muss. Markquardt und Neuhammer sind bei der Panzerjagd gut aufeinander eingespielt.

Der Panzerkommandant ist sich noch immer unsicher. Unübersichtliches Gelände ist für Panzerfahrzeuge nicht sonderlich gut geeignet und das weiß er anscheinend. Der T 60 schwenkt auf der Stelle herum, klettert über einen kleinen Schutthaufen hinweg und verschwindet wieder in der Gasse.

„Entweder haben sie sich verfahren und sind in die verkehrte Richtung geraten oder sie sollten aufklären und der Rest wird bald nachkommen. In beiden Fällen sollten wir verschwinden", meint Markquardt zu seinen Kameraden.

Die Ölmühle brennt. Fettiger, schwarzer Qualm wälzt sich über den Boden und nimmt einem die Atemluft. Dennoch müssen sie hindurch.

Sie finden die sMG-Kompanie. Sie hat den Feuerüberfall glimpflich überstanden und befindet sich nun mitten im Aufbruch.

„Aber viel später hättet Ihr nicht kommen dürfen", meint der Oberleutnant. „Wir gehen zurück. Haut Euch die Taschen mit Munition voll. Ihr werdet sie brauchen. Es geht gegen die Brotfabrik."

Die Brotfabrik ist eine einzige Blockadestellung aus dicken Geschützrohren und Lafettenteilen und sonstigem Schrott, was die Zufahrt abriegelt. Dahinter ist es totenstill und wie ausgestorben.

Von vorn kommt der Ruf und wird nach hinten weitergegeben: „Pioniere vor!"

„Ganz ohne Ari-Vorbereitung?", fragt der Gefreite Schirmer entsetzt und duckt sich so gut es geht in seine flache Schützenmulde.

„Ari?", knurrt der Gefreite Jakob verächtlich. „Diese armselige Blechhütte pusten wir doch ganz einfach über den Haufen. Bloß einmal tief Luft holen und ..."

Weiter kommt er nicht. Hinter dem Werk brüllt es auf. Es kommt aus vielen stählernen Schlünden, aber aus russischen.

Der Obergefreite Schulze liegt zusammen mit den Gefreiten Schirmer und Jakob in der Ofenhalle 5 hinter einem Mauerklotz. Rechts von ihnen, in einem offenen Abwasserschacht, kauern der Obergefreite Kochmann, der Gefreite Steingruber und der Gefreite Schädle.

Die Rotarmisten haben sich gerade aus der Halle zurückgezogen und der zweite Raum steht leer. Um den Russen nachzustoßen, sind die sechs Deutschen zu schwach.

Es beginnt langsam zu dämmern und in den Ecken und Winkeln beginnen dunkle Schatten zu geistern.

„Sind sie stiften gegangen oder warten sie nur die Dunkelheit ab, um wieder anzugreifen?", fragt der Gefreite Jakob seinen Kameraden Schulze.

Der Obergefreite schüttelt den Kopf.

„Stiften gegangen? Glaub ich nicht. Die stecken irgendwo hier in der Nähe und warten darauf, dass wir ihnen die Schädel hinhalten."

Er späht kurz über den Rand des Mauerklotzes hinweg.

„Behalte Deine Birne unten. Ich schaue schon herum".

„Wirst gleich gar nichts mehr sehen", brummt Schirmer. „In spätestens einer Stunde ist es hier stockfinster."

Schulze mustert das Balkengerüst, das die Halle und das Dach trägt. Dazwischen verläuft ein Gewirr aus Rohren, Kabelleitungen und Laufschienen der Deckenkräne.

Plötzlich reißt er seinen Karabiner hoch, zielt kurz und feuert. Der einzelne Schuss peitscht durch die Halle und bildet einen Kontrast zum entfernten Gefechtslärm aus dem übrigen Werk. Nach einem gellenden Aufschrei stürzt ein menschlicher Körper von der Decke herab und schlägt auf dem Boden auf.

„Langsam wird es Zeit", knurrt Schulze und lädt wieder durch. „Bald wird es stockdunkel und dann sollten wir nicht mehr hier sein."

„Wo nur der Markquardt bleibt?", flüstert der Gefreite Steingruber und äugt ebenfalls zu dem Balken hinauf. „Draußen habe ich ihn noch gesehen. Warum ist er nicht mit uns hinein?"

Der Obergefreite Kochmann erwidert leise: „Ist er doch, aber dann …"

Eine MG-Garbe peitscht zu den Deutschen hinüber. Sie war sehr genau gezielt und prasselt gegen den Mauerklotz. Querschläger zischen über den Hallenboden und schlagen Funken. Die zweite Garbe geht zu hoch und schlägt in die Ziegelmauer der Halle ein. Die sechs Landser starren nun vorsichtig in die Richtung, aus der die MG-Garben gekommen sind. Der Gefreite Jakob sieht es als erster. Die Schiebetür eines großen Lehmbackofens steht halb offen und vor dem Spalt schweben noch immer die Pulverwölkchen.

Draußen geht es wieder los. Karabinerschüsse, MG-Feuer, Handgranaten. Russische Granatwerfer ploppen und auch das kurze Knallen einer leichten Pak ist zu hören. Der Gefechtslärm kommt allerdings aus der entgegen gesetzten Richtung.

„Sie sind hinter uns!", ruft Schulze und springt als Erster auf.

In diesem Augenblick stürmen nun auch von vorn die Rotarmisten in die Halle. Die Deutschen sehen die braunen Mäntel herumwehen und sehen die Sowjetsoldaten in vollem Lauf feuern.

Eine Granate des russischen Werfers segelt in die Halle und schlägt krachend hinter ihnen ein. Schulze duckt sich und hört die Splitter über sich hinwegzischen. Er hetzt weiter und prallt gegen Markquardt, der gerade zur großen Eingangstür der Halle hinein will.

„Alle noch beisammen?", schreit ihn der Feldwebel an.

„Ja", keucht der Obergefreite.

„Zum Heizhaus rüber!", befiehlt der Feldwebel. „Vielleicht kommen wir noch durch."

„Der Schädle!", schreit Steingruber. „Der Schädle fehlt noch!"

Schirmer und Jakob rennen in die Halle zurück. Am Rand eines Abwasserschachts sehen sie einen grauen Klumpen liegen. Eine Leuchtspur zischt zu ihnen herüber und die beiden werfen sich in Deckung. Im Liegen kriechen sie zu dem leblosen Körper und zerren ihn anschließend zum Ausgang. Schirmer muss den Griff wechseln. Seine Hand wird durch die Anstrengung langsam steif. Dabei fühlt er es feucht und warm über seine Hand rinnen.

„Es hat mich erwischt!", fährt es ihm durch den Kopf.

Markquardt liegt flach auf dem Boden und späht zum Werkshof hinaus.

Die letzten Grenadiere setzen sich ab und gehen gerade schrittweise zurück. Der Feuerschutz ist dünn, sehr dünn. Vom Verwaltungsgebäude wälzt sich ein schießender, brüllender und Handgranaten werfender Haufen heran. Wie eine wogende Mauer. Zivilisten mit roten Armbinden, mit hohen Schaftstiefeln, Lederjacken und zerknautschten Mützen auf den Köpfen: Werksmilizen.

Schirmer beugt sich über den Gefreiten Schädle. Ein Splitter hat ihm die linke Halsseite aufgerissen. Aus der klaffenden Wunde sprudelt das Blut in kurzen Stößen. Sein Gesicht ist wachsgelb und eingefallen. Er stirbt ihnen unter den Händen weg.

„Lasst ihn liegen", meint Markquardt und hetzt los.

Sie rennen quer durch die Ofenhalle, danach auf gut Glück durch einen Mischraum und durch die Gäranlage.

Sie jagen keuchend durch verwinkelte Gänge und Korridore. Sie erreichen das freie Gelände und überqueren einen kleinen Hof, um über eine niedrige Mauer zu klettern.

Hier bekommen sie wütendes Gewehrfeuer entgegengeschickt. Der Beschuss gilt jedoch nicht ihnen, sondern einer Schar von Zivilisten mit und ohne Armbinden. Das waren aber keine Werks- und Hafenarbeiter, sondern harmlose Bürger. Man hatte sie zusammengetrieben und mit uralten Waffen ausgestattet, um gegen die Deutschen zu kämpfen. Diese armen Teufel heben nun die Arme, um sich zu ergeben.

Hinter der Brotfabrik verläuft die Eisenbahnlinie. Auch eine Ausladestelle ist hier. An der Verladestelle stehen leichte Feldhaubitzen in Feuerstellung. Die Beobachter sitzen in der obersten Etage des Stellwerks. Dorthin rennen die fünf Landser nun. Der Batteriechef ist Oberwachtmeister Friedrich Mühlbauer. Feldwebel Markquardt war bereits im Polenfeldzug gewesen.

„Wir haben hier zwei Aufgaben", meint der Oberwachtmeister. „Wir sollen auf die Brotfabrik achten und auf den Panzerzug, der zwischen hier und Rynok herumgeistert."

„Ein echter Panzerzug?", fragt Markquardt entgeistert.

„Und was für einer", erwidert Mühlbauer. „Eine rollende Festung mit allem Drum und Dran. Angeblich mit mindestens acht Riesenkanonen und einer Menge kleinerer Kaliber. Direkt zum Fürchten, sag ich Dir."

Feldwebel Markquardt beschaut sich die aufgestellten Geschütze.

„Und die wollt Ihr mit Euren 10,5 cm aufhalten?", fragt er den Oberwachtmeister skeptisch.

Der zieht die Schultern beinahe bis zu den Ohren hoch.

„Hab ich mich auch gefragt, aber die hohen Herren haben erklärt, dass es geht. Die müssen es ja wissen."

Otto Markquardt wischt sich mit der rechten Hand über das dreckige, stoppelbärtige Gesicht und brummt: „Wenn das so ist, Paulchen, dann ziehen wir lieber wieder um. Wir wollen nämlich noch etwas länger leben."

Oberwachtmeister Mühlbauer sieht ihn aus übernächtigten Augen fragend an.

„Wo wollt Ihr denn hin?"

„Irgendwohin und wenn es sein muss, dann meinetwegen wieder zurück in die Brotfabrik. Dort fährt wenigstens kein Panzerzug herum", gibt der Feldwebel zurück.

Ganz in der Nähe im Süden kracht es gefährlich.

Markquardt fährt herum.

„Ist das bei Lazur?"

Oberwachtmeister Friedrich Mühlbauer nimmt seinen Feldstecher vor die Augen.

„Ja, genau. Der Tennisschläger soll endlich ausgeräumt werden. Der Iwan hat aber anscheinend etwas dagegen."

Über der Wolga beginnt der Himmel fahl zu leuchten. Motoren brüllen und dröhnen. Im Schutz der Nacht bringen die Sowjets frische Truppen mit schwerem Gerät über den Strom und pumpen sie in die brennende und glühende Stadt hinein.

„So geht das schon seit Wochen", meint Mühlbauer. „Eigentlich klammern sich die Iwans nur noch an ein paar Zipfel. Dennoch geben sie nicht auf. Irgendwie bewundernswert. Stell Dir das mal anders herum vor, Otto. Nicht wir an der Wolga, sondern die Russen am Rhein."

Der Batterieführer gibt sein Zeiss-Glas dem Feldwebel.

„Das ist kein Vergleich, Paul. Hinter dem Rhein hört Deutschland beinahe auf. Hinter der Wolga fängt Russland erst richtig an. Das ist ein entscheidender Unterschied, mein Lieber."

„Mit Dir kann man einfach nicht streiten", seufzt Mühlbauer gekünstelt. „Du hast jedes Mal gleich etwas bei der Hand und überrennst einen komplett. Aber trotzdem mag ich Dich. Du hast mir von Anfang an gefallen."

Markquardt lässt den Feldstecher sinken und dreht sich zu seinem Kameraden um.

„Ach, mit mir ist nicht viel los. Seit einer Woche suche ich zum Beispiel unsere Kompanie und kann sie nicht finden. Nicht einmal das Bataillon oder das Regiment."

„Das hier ist anders, Otto. In Stalingrad lässt sich eine Stecknadel leichter finden, als ein versprengtes Regiment. Eine Stecknadel glitzert eventuell irgendwo im Schutt. Ein Regiment verschwindet hier einfach und ist nicht mehr da. Die letzten Überreste schnappt sich dann der Heldenklau. Bleibt bei uns, Otto. Hier lebt es sich nicht schlecht. Artillerie ist Mangelware und die hohen Herren stellen sie nicht ganz nach vorn."

Feldwebel Markquardt und seine Männer wollen trotzdem nicht bleiben und zu ihrem alten Haufen zurück. In der Brotfabrik ist es inzwischen ruhiger geworden. Nur im Süden rumort es hin und wieder mal.

Die beiden Männer nehmen Abschied voneinander.

Der Oberwachtmeister gibt den Grenadieren noch zwei Dutzend Handgranaten, Gewehrmunition und für jeden eine große Büchse Schweinefleisch.

In Schützenreihe und weit auseinandergezogen marschieren sie die Bahntrasse entlang nach Süden. Rechts und links von ihnen rührt sich nichts.

Sie kommen an ein großes Gebäude. Anscheinend ein Bahnwärterhaus. In sicherem Abstand bleiben sie im Gelände liegen.

Durch die schmalen Ritzen sickert mattes Licht.

Markquardt lässt seine Männer halten. Schulze kommt zu ihm nach vorne geschlichen.

„Was meinst Du, Schulze? Stecken dort eigene Leute oder Russen?"

Schulze zuckt mit den Schultern.

„Ich schleich mal heran und schau nach."

Langsam pirscht er sich an das Haus heran. Doch dann stößt er mit seinem Stiefel an einen Metallgegenstand. Lautes Klirren ist zu hören.

Eine raue Stimme dröhnt: „Halt! Stopp! Parole!"

„Donau!", schreit Markquardt schnell, um größeres Unheil zu verhindern.

Da erschallt ein lautes Lachen.

„Das war gestern und Du bist der Markquardt. Mensch, wir haben uns Sorgen um Euch gemacht!", ruft Unteroffizier Neuhammer. „Wo habt Ihr Euch herumgetrieben, Ihr Blindgänger?"

„Wir sind zuhause", meint Markquardt beinahe andächtig.

„Na, der Riehl wird auch Augen machen", poltert der Unteroffizier vergnügt. „Wir hatten Euch schon fast abgeschrieben. Sind denn alle anderen auch da?"

„Ja, bis auf Schädle. Den hat es erwischt", meint Markquardt betroffen.

Neuhammer senkt den Kopf und murmelt ebenso betroffen: „Der Schädle. Schade um ihn. Er ist ein feiner Kerl gewesen. Wo ist es passiert?"

„In der Brotfabrik", meint Jakob aus dem Hintergrund.

„Also in der Brotfabrik. Da sollten wir ja auch erst hin. Waren schon auf dem Weg, dann hieß es wieder anders. Der alte Zirkus. Stimmt es, dass wir die alte Teigbude wieder aufgeben mussten?", fragt der Unteroffizier.

„Kann schon sein. Wir konnten eine Weile die Ofenhalle halten, sind dann aber rausgeflogen. Wir haben gesehen, dass noch weitere zurückgehen mussten. Wenn der Rest nicht mehr Glück hatte, dann sitzt wohl der Iwan wieder drin", gibt Otto Markquardt zurück.

„Verdammter Mist! Aber geht ruhig rein. Der Riehl hockt drin und kritzelt in seinen Listen rum. Ach, und der neue Kompaniechef ist auch schon da. Der riecht verdächtig nach Napola und Ordensburg. Er ist wahrscheinlich etwas straffer als Pretzsch es war, sonst aber nicht übel", meint Neuhammer.

Der Rest der Kompanie liegt in einem Schulgebäude. Drei kleine Klassenzimmer reichen für alle und die haben bequem Platz.

Als Feldwebel Otto Markquardt sich umschaut, sieht er viele unbekannte Gesichter. Ersatz aus der Heimat.

Der neue Kompaniechef hat sich im Lehrmittelzimmer eingerichtet. Er ist kein Jungspund mehr, sieht aber vertrauenerweckend aus. Er hat eine große Narbe im Gesicht und man kann sein Ritterkreuz unter der getarnten Feldjacke erkennen. Als Feldwebel Markquardt mit seinem kleinen Haufen in das Zimmer tritt, kann er ein Leuchten in den Augen des Offiziers erkennen.

„Ohne Meldung, meine Herren. Ich freue mich wirklich sehr. Wenigstens noch ein paar Männer mit Kampferfahrung. Mit den neuen Kameraden werden wir etwas Geduld haben müssen. Nehmt Euch ihrer an. Zeigt ihnen, wie man überlebt. Jetzt aber holt Euch Essen und legt Euch etwas hin. Kann jedoch nicht sagen, für wie lange."

Die Männer gehen in den Raum, in dem die Verpflegung steht. Sie greifen zu. Es gibt Kommissbrot, Wurstdosen und Tubenkäse.

Feldwebel Riehl gesellt sich zu seinen Kameraden.

„Ein netter Bursche, nicht wahr? Es heißt, er kommt von den Brandenburgern."

Die Männer um Feldwebel Markquardt und den neuen Kompaniechef Oberleutnant Konstantin Jaskulska stehen beinahe Tag und Nacht im Kampf. Sie werden mal hier, mal dort eingesetzt.

In Stalingrad gibt es keine klaren Fronten.

Häuser, die sie gestern erobert hatten, sind heute wieder in der Hand der Russen. Wieder werden die Landser losgehetzt. Die Männer schleichen durch die Trümmerwüste. Oberleutnant Jaskulska teilt seine Kompanie in Sturmgruppen ein. Er selbst führt die erste Gruppe und geht frontal gegen ein Haus vor. Sie springen von Deckung zu Deckung. Überall liegen Berge von Schutt herum.

Wieder springen Jaskulska, Markquardt und Neuhammer vor, da bekommen sie Feuer aus der vor ihnen liegenden Hausruine. Kugeln schlagen vor ihnen in die Schutthaufen. Splitter surren umher. Die drei Landser drücken ihre Köpfe in den staubigen Dreck. Markquardt spürt einen leichten Ruck an seinem Rücken. Er blickt sich vorsichtig um und sieht einige Einschusslöcher im flatternden Ende seines grauen Mantels.

Der Feldwebel schichtet langsam und vorsichtig einige Steine um, um ein besseres Schussfeld zu bekommen. Eine MG-Garbe hackt vor ihnen in den Boden, reißt die Pflasterstraße weiter auf und zischt als kleine leuchtende Kugeln zu den Seiten weg. Markquardt schiebt den Lauf seines Karabiners nach vorn. Als der feindliche MG-Schütze wieder schießt, feuert er auf das erkannte Mündungsfeuer. Innerhalb kürzester Zeit jagt er die fünf Schuss hinaus. Jaskulska und Neuhammer tun es ihm gleich.

Diesen Zeitpunkt nutzen Steingruber, Schirmer, Jakob und Kochmann. Sie sprinten geduckt zu den Kameraden und werfen sich in ihrer Nähe in Deckung. Doch kaum liegen die Männer hinter Schutthaufen, Mauerresten oder in Granattrichtern, da taucht aus einem offen liegenden Abwasserkanalschacht der Oberkörper eines Rotarmisten auf. Der Sowjetsoldat feuert auf die Deutschen aus seiner PPSch-41. Noch ehe die Landser den neuen Feind entdecken, werden der Obergefreite Schulze und der Gefreite Steingruber getroffen. Sie werden von mehreren Kugeln in den Rücken geschossen.

Markquardt hört durch den Gefechtslärm, der in Stalingrad allgegenwärtig ist, die nahen Abschüsse und die dumpfen Geräusche der Treffer. Der Feldwebel wirft sich ruckartig auf den Rücken und erkennt den Schützen. Er reißt seinen nachgeladenen Karabiner hoch, doch noch ehe er abdrücken kann, sieht er, wie der Rotarmist von Kugeln in Brust und Kopf getroffen wird und in den Abwasserschacht zurückrutscht. Oberleutnant Jaskulska hat ihn mit seiner MP 40 erwischt. Schirmer und Jakob gleiten zu den beiden getroffenen Kameraden hinüber.

„Und? Wie sieht es aus?", ruft Markquardt ihnen zu.

Sie drehen die beiden Kameraden vorsichtig auf den Rücken und tasten sie ab. Schirmer schüttelt mit dem Kopf. Dabei rutscht ein Stück seines zerrissenen Stahlhelm-Tarnbezugs in sein Gesicht.

„Tot! Beide!"

Feldwebel Otto Markquardt lässt für einen Augenblick den Kopf in den Schutt sinken. Dabei rutscht ihm sein Stahlhelm ins Genick.

Eine weitere Maschinengewehrgarbe schlägt in den Schutthaufen ein. Das langsame Tackern des Maxim-

MG reißt den Feldwebel aus seinen Gedanken. Der Krieg lässt keine Zeit zum Trauern.

„Zusammengefasstes Feuer auf die Hausfront!", befiehlt der Oberleutnant und schon bellt seine Maschinenpistole. Dazwischen knallen die trockenen Abschüsse der Karabiner. Die Projektile schlagen in die Fassade ein, soweit sie noch vorhanden ist, und man erkennt kleine Staubwölkchen. Das Feuer der Rotarmisten verstummt.

Sofort hetzen Jaskulska, Markquardt und Neuhammer los. Schirmer und Jakob geben ihnen Deckungsfeuer. Kaum haben sie zum Sprint angesetzt, da erklingt aus der rechten Flanke ebenfalls Gewehrfeuer.

„Riehl und seine Gruppe", keucht Jaskulska und wirft sich an die Fassade.

Markquardt angelt sich eine Stielhandgranate aus dem Stiefelschaft, dreht die kleine Sicherungskappe am Boden ab und zieht an der kleinen Schnurr mit der kleinen blauen Perle.

In Gedanken zählt er bis Drei und wirft sie dann in den offenen Eingang. Schirmer und Jakob sind nun ebenfalls an der Hausfront. Kaum ist die Detonation der Handgranate erklungen, stürmen erst Markquardt, dann Jaskulska und Neuhammer und schließlich Schirmer und Jakob in das Haus, welches eher eine Ruine ist. Sie rennen den Flur entlang. Löcher klaffen in der Decke und geben den Blick in das erste Geschoss frei.

Neuhammer sieht eine Gestalt dort oben entlang huschen und feuert durch ein circa ein Meter großes Loch, trifft aber nicht. Kurz entschlossen nimmt er eine Eierhandgranate aus seiner Manteltasche, entsichert sie, indem er die Schnur zieht und wirft den Sprengsatz nach oben.

Kurz danach erfolgt die Explosion und die Deutschen hören aufgeregte russische Schreie. Markquardt und Jaskulska haben zusammen mit Schirmer und Jakob die Räume im Erdgeschoss gesäubert. Aus den Nebengebäuden dringt nun ebenfalls starker Gefechtslärm. Die übrigen Gruppen gehen gegen weitere Ziele vor.

Markquardt und die übrigen Männer in der Hausruine schleichen durch den Flur. Es liegt allerlei Hausrat in dem Gang. Zertretene Bilder, Scherben von Tellern und Schüsseln sowie Kleidungsstücke. Sie kommen an eine hölzerne Treppe, die nach oben führt. Mehrere Stufen fehlen teilweise oder ganz.

Markquardt macht eine weitere Stielhandgranate bereit und wirft sie mit Schwung in das obere Stockwerk. Die Männer brauchen nicht lange zu warten, da ertönt die erwartete Detonation. Staub und Holzstücke fallen durch die Löcher in der Flurdecke.

Wieder hören die Landser aufgeregte russische Laute. Oberleutnant Jaskulska gibt grinsend einen langen Feuerstoß ab. Die Garbe schlägt krachend in den restlichen Teil einer Mauer ein.

Markquardt und Schirmer wird das Warten nun zu viel und sie machen sich bereit, um nach oben zu stürmen.

„Hiergeblieben!", zischt der Kompanieführer sie an.

Kurz darauf fallen einige Mosin-Nagant und uralte Jagdgewehre die Treppe hinunter und durch das größte Deckenloch fliegt mit lautem Krachen das Maxim-MG. Auch ohne Lafette und Radgestell wiegt das MG gute 25 Kilogramm.

Wenig später erscheinen mehrere Männer in zivilen Mänteln oder alten verschlissenen Jacken am Ende der Holztreppe. Alle haben die Hände erhoben. Mark-

quardt und die restlichen Männer sehen den Oberleutnant verwundert an.

„Ich kann sehr gut Russisch. Diese Männer hatten
sich gestritten, ob sie sich ergeben sollten oder nicht.
Das sind keine Soldaten. Das sind einfache Zivilisten.
Darum solltet Ihr nicht stürmen", erklärt Jaskulska.

Langsam und vorsichtig laufen sie nacheinander die
Holztreppe hinunter. Als die Männer verängstigt an
Jakob vorbeigehen, schlägt er einem der Männer mit
dem Gewehrkolben in den Rücken.

„Los, Du verdammtes Russenschwein!", schreit er
den Mann an, der nach vorne fällt und zusammen mit
seinem Vordermann auf den staubigen Steinboden
des Flurs stürzt. Gerade will Jakob noch mal ausholen
und auf ihn einschlagen, da durchschneidet die eisige,
befehlsgewohnte Stimme Jaskulskas die Luft.

„Jakob! Schluss! Was soll der Scheiß?"

Mitten in der Bewegung hält er inne und sieht den
Offizier aus hasserfüllten Augen an.

„Mindestens einer dieser Bolschewisten hat Steingruber und Schulze auf dem Gewissen!"

Er dreht mit einer flüssigen Bewegung seinen Karabiner um und zielt nun auf den noch immer am Boden
kauernden Russen. Seine Kameraden sehen ihn mit
überraschten Gesichtern an, sind von der Situation
vollkommen überrumpelt. Nur der Oberleutnant
blickt ihn mit eiskalter Entschlossenheit an.

„Wenn Sie abdrücken, stelle ich Sie persönlich an die
Wand!", und zu Feldwebel Markquardt gewandt
meint er mit einer Stimme, die keinen Widerspruch
zulässt: „Markquardt, schnappen Sie sich den Gefreiten Jakob und durchsuchen Sie die obere Etage!"

Der Feldwebel erwacht aus seiner Starre, packt den Gefreiten am Mantelkragen und zieht ihn hinter sich her.

Zu den restlichen Soldaten und so laut, dass es alle hören können, meint der Oberleutnant: „Ich dulde keinerlei solcher Übergriffe auf jede Art russischer Gefangener!"

Anfang November durchstoßen Sturmtruppen der 16. Panzerdivision die russischen Sicherungen an mehreren Stellen und dringen in den Stalingrader Industrievorort Spartakowka ein. Diesmal können die deutschen Truppen sich festsetzen.

Damit ist das letzte Bollwerk, die letzte starke Riegelstellung der Stalingrader Verteidigung aufgerissen.

Im mehr und mehr zusammenschrumpfenden Brückenkopf am Steilufer der Wolga kann sich der Befehlsbunker General Tschuikows noch halten.

Im Hüttenwerk Roter Oktober und der chemischen Fabrik Lazur wird noch erbittert Widerstand geleistet, ebenso an der Fährstelle im Zentralhafen.

Auch die Kompanie Jaskulska ist nun im Hüttenwerk Roter Oktober eingesetzt. Der Widerstand versteift sich mehr und mehr. Markquardt und seine verbliebenen Männer pirschen sich zusammen mit Oberleutnant Jaskulska über das Werksgelände. Es ist mittlerweile eisig kalt geworden. Der Atem steht den Männern als kleine Rauchschwaden vor den Gesichtern. So gut es geht, haben sie sich mit Lappen und alten Bettbezügen getarnt. Doch warme Winterkleidung haben die wenigsten. Die Mehrzahl der Soldaten hat gerade einmal die dünnen Stoffmäntel an.

Von dem Ersatz, den sie bekommen hatten, sind nicht mehr viele da. Die meisten sind gefallen oder wurden verwundet. Die Männer rund um Jaskulska und Markquardt haben sich einer Gruppe Sturmpioniere angeschlossen, die erst vor kurzem nach Stalingrad gekommen waren und bei ihren Angriffen ebenfalls schwere Verluste hinnehmen mussten. Eben fliegt der letzte Stuka ab und wirft seine Bomben in die Nähe der Halle 4 des Stahlwerks. Doch auch diese können die massiven Wände der Martinsöfen nicht durchbrechen.

Der Angriff wird von drei Stoßtrupps von 30 bis 40 Mann vorgetragen. Jaskulskas Männer dienen als Sicherungstrupp, um das Gelände, welches freigekämpft wurde, zu sichern und von eventuell liegen gebliebenen Feinden zu säubern. Doch der Stoßtrupp kommt nur sehr zäh voran. Um jedes Gebäude, ja, sogar um jedes Kellerloch und jeden Treppenabsatz muss gekämpft werden. Wieder geht es einige Meter vorwärts. Gerade wollen Markquardt und Jaskulska weiter vorrücken, da sehen sie eine kleine Gruppe von Rotarmisten heranhetzen.

Sofort eröffnen sie das Feuer auf die Feindgruppe.

Doch ein Soldat mit einem unförmigen Kanister auf dem Rücken betätigt den Abzug seiner Waffe.

Ein glühend heißer Strahl zischt an dem Feldwebel vorbei. Markquardt hört einen spitzen Schrei hinter sich und sieht, wie der Feindsoldat zusammenbricht. Blut sickert durch seine Uniform. Er schlägt auf den Boden und unter dem leblosen Körper breitet sich eine rote Blutlache auf dem schmutzigen grauen Boden aus.

Feldwebel Markquardt eilt zum am Boden liegenden Offizier. Er hält sich das Gesicht und unterdrückt einen Schmerzensschrei. Hinter ihnen kommen nun Riehl, Jakob, Schirmer und die anderen.

Markquardt wendet sich zu Feldwebel Riehl.

„Wir müssen den Oberleutnant sofort zu einem HVP bringen. Seine Verbrennungen sind schwer."

Riehl nickt.

„Bring ihn weg. Wir machen hier weiter."

Und schon hetzen sie weiter, hinter den vorangehenden Pionieren hinterher.

Zwei vermummte Gestalten schieben sich in die Tür des Hauses hinein. Einer der Männer hat einen Karabiner umgehängt und eine Maschinenpistole in der Armbeuge.

„Gestatten die Herren, dass wir eintreten?", meint der erste der Männer. „Jaskulska, Oberleutnant."

Ein Stabsarzt dreht sich zu den beiden Landsern um.

„Clausen, Stabsarzt. Sehr angenehm, Herr Oberleutnant. Wo fehlt es denn?"

Der Oberleutnant setzt seinen weiß gekalkten Stahlhelm ab und beginnt seinen langen, grauen Wollschal vom Kopf abzuwickeln. Dann kommt noch ein Wundverband zum Vorschein. Auch dieser wird abgenommen. Als der Stabsarzt die geplatzte, bläulich verfärbte Wunde sieht, erschreckt er.

„Mein Gott. Wo haben Sie sich das denn zugezogen?"

„Flammenwerfer", meint er kurz. „Hat mich vor vier Wochen erwischt. War zur Wundbehandlung, aber jetzt setzt mir der Frost doch arg zu und der Schorf reißt immer wieder auf. Ich habe höllische Schmerzen."

„Das ist natürlich etwas anderes!", beeilt sich der Stabsarzt zu sagen. „Aber hier können wir nicht viel für Sie machen. Sie brauchen eine Spezialbehandlung. Ich werde Ihnen sofort eine schmerzstillende Spritze geben und Sie schnellstmöglich zurückschicken. Soweit ich weiß, fährt heute Abend ein Lazarettzug los."

Oberleutnant Jaskulska winkt ab.

„Ich danke Ihnen für Ihre Mühen, Herr Stabsarzt. Ich bin Ihnen schon für die Spritze dankbar."

Der Stabsarzt besieht sich die Wunde.

„Verbrennungen dritten Grades. Großflächig und tief in das Zellgewebe hinein. Ein Wunder, dass Sie noch leben."

Der Infanterieoffizier sieht den Arzt aus glasigen Augen an.

„Ich bin ein zäher Hund. Auf dem HVP haben mich die Herren schon angeschrien, als ich mich geweigert habe, mich zurückschicken zu lassen."

Clausen schüttelt mit dem Kopf und zieht die Spritze auf.

„Unfassbar, dass Sie in diesem Zustand bereits vier Wochen herumlaufen. Wenn Sie rechtzeitig in ein Lazarett gekommen wären, hätten Sie jetzt keinerlei Schmerzen mehr."

Jaskulska lacht kurz bitter auf.

„Das stimmt. Der für mich bestimmte Lazarettzug ist nämlich in die Luft geflogen und bis auf den letzten Rest ausgebrannt! Aber ich lebe noch. Ich will lediglich eine Spritze und einige schmerzstillende Tabletten."

Der Stabsarzt wendet sich zu einem Kollegen und meint halb zu ihm und halb zu Jaskulska gerichtet: „Das ist ausgeschlossen Oberleutnant! Wir sind Ärzte und haben eine Verpflichtung, daher keine Widerrede. Sie gehen mit dem nächsten Transport raus aus

Stalingrad. Herr Kollege, machen Sie die nötigen Papiere fertig. Höchste Dringlichkeit und Lebensgefahr!"

Der Oberleutnant lässt den Kopf hängen und bettet seine unversehrte Gesichtshälfte in seine Hand.

„Sie wollen mich also unbedingt umbringen?"

Die Ärzte schauen den Offizier verunsichert an.

Dieser wendet sich an seinen Begleiter, der bisher still geblieben ist und nur im Hintergrund war.

„Sag es Ihnen, Markquardt."

„Es wird kein Zug mehr durchkommen. Die Donfront ist zusammengebrochen. Russische Panzer stehen bereits vor Tschir und Golubinskaja. Selbst der Fall von Kalatsch ist nur noch eine Frage der Zeit."

Der Stabsarzt wendet sich nun an den Feldwebel.

„Haben Sie auch etwas abbekommen? Fiebern Sie?"

Gereizt antwortet nun wieder der Oberleutnant: „Das wissen wir von mehreren Funkern! Natürlich gibt so etwas die Führung nicht gleich bekannt! Vielleicht bald und dann in kleineren Dosen."

Plötzlich knarrt die Tür. Markquardt fährt blitzschnell herum, reißt die Maschinenpistole an die Hüfte und drückt ab. Eine Gestalt in weißer Tarnuniform macht ein paar torkelnde Schritte und schlägt rücklings auf den Boden auf. Die weiße Tarnjacke färbt sich langsam an mehreren Stellen rot. Markquardt und Jaskulska springen nach draußen. Dort peitschen Schüsse, hämmern Maschinepistolen und es gellen verzerrte Schmerzensschreie.

Unvermittelt ist es wieder ruhig.

Nach einer Weile kehren die beiden Landser wieder zurück.

„Nur ein kleiner Spähtrupp. Hat sich wahrscheinlich in der Richtung geirrt. Das kommt immer mal wieder vor.“

Unter dem Rotarmisten vor der Tür bildet sich eine Blutlache. Ihm ist nicht mehr zu helfen. Unter der weißen Jacke trägt er eine wattierte, abgesteppte Winterbekleidung. Dazu hohe Filzstiefel, die mit Leder eingefasst sind. Mit solch einer Kleidung konnte man stundenlang im Schnee liegen, ohne zu frieren.

„Markquardt, zieh ihm die Klamotten aus. Seinen Kameraden, die draußen liegen, ebenfalls. Die brauchen es nicht mehr“, meint der Oberleutnant. „Die paar Löcher können wir stopfen. Die Fellmützen werden meine verbeulte Visage warm halten.“

Der Offizier spürt den entsetzten Blick des Stabsarztes.

„Sie werden uns bestimmt für einen Leichenfledderer halten, aber in unserer Situation geht es einfach nicht anders. Wir können nicht warten, bis Winterkleidung eintrifft. Dann kann es für so manchen von uns schon zu spät sein. Da spielen wir lieber Selbstversorger und nehmen, was wir bekommen können. Zimperlich sind wir schon lange nicht mehr.“

Der Arzt lässt seinen Blick sinken.

„Also stimmt es, was Ihr Kamerad gesagt hat?“

„Ja, bis auf das letzte Wort. Leider“, bestätigt der Infanterieoffizier.

Verunsichert blickt der Stabsarzt zu seinem Kollegen.

„Was sollen wir nun tun?“

„Weiterkämpfen und alles tun, um in Stalingrad zu überleben. Mit falscher Zurückhaltung wird das allerdings nicht gehen. Nur der, der zuerst zuschlägt, hat eine Überlebenschance. Das ist ein ganz simples Gesetz", erwidert der Oberleutnant trocken und macht eine kurze Pause. „Wenn nur die wahnsinnigen Schmerzen nicht wären. Die machen mich noch verrückt!", sagt er und wieder bettet er seinen Kopf vorsichtig in seine Hände.

Der Stabsarzt setzt dem Offizier nun die schmerzstillende Spritze und meint: „Die wird Ihnen erstmal helfen und ich gebe Ihnen noch etwas mit. Aber seien Sie vorsichtig. Das Zeug ist gefährlich."

Oberleutnant Konstantin Jaskulska schaut zu Feldwebel Markquardt hinüber und meint lapidar: „Stalingrad hat uns zu reißenden Tieren gemacht, nicht zu zahmen Wiederkäuern."

Dann steckt er die ihm gereichten Tabletten ein und zieht sich wieder an. Er wickelt seinen Schal um den Kopf und setzt seinen Stahlhelm auf.

Beim Herausgehen meint er: „Meine Herren, ich danke Ihnen. Stellen Sie lieber Posten vor die Tür. Die Gegend ist höchst unsicher."

Als die Tür hinter den beiden Landsern zugefallen ist, murmelt der Stabsarzt kopfschüttelnd: „Welch ein Mann! Stellt alle meine sicher geglaubten Kenntnisse auf den Kopf und kämpft in diesem Zustand weiter."

Die Reste der Kompanie Jaskulska liegen im Keller einer kleinen Konservenfabrik.

In den letzten Tagen ist sie auf 19 Mann zusammengeschrumpft.

Alle jungen, unerfahrenen Neuzugänge aus dem Ersatz sind fort. Sie waren der hinterhältigen Kampfweise in Stalingrad nicht gewachsen.

Im Augenblick hat sich die restliche Kompanie Jaskulska der Kampfgruppe eines fremden Feldeisenbahnregiments angeschlossen. Diese hatte sich vor den Sowjets in die Stadt zurückgezogen und wurde nun infanteristisch eingesetzt.

Es ist ein schrecklicher Zustand. In dieser zusammengewürfelten Kampfgruppe kennt einer den anderen nicht und kümmert sich auch nicht um den anderen. Es hat jeder mit sich selbst zu tun. Einzig die alten Kameraden sind noch füreinander da.

Als rechten Nachbarn haben sie eine Luftwaffeneinheit. Diese hat ihre Maschinen im Donbogen eingebüsst und kämpft nun ebenfalls hier als Infanterie.

An den Wänden des Kellers stehen alle möglichen Maschinen, Blechpressen, Biegewalzen und Bördelmaschinen. Dazwischen liegen zahllose Bleche in unterschiedlichsten Größen.

Jaskulska sieht sich wieder einmal um.

„Also von oben können sie uns mit kleineren Kalibern eine ganze Zeit lang beharken, seitlich jedoch…"

„Reicht ein schwerer Brocken und die Bleche fliegen uns um die Ohren und zerhacken uns zu Hackfleisch", ergänzt Markquardt.

Neuhammer zuckt gleichgültig mit den Schultern.

„Und wenn schon. Ein Krieg ist nun mal keine Lebensversicherung."

In ihrer Umgebung ist es ruhiger geworden. Auch die Sowjets haben empfindliche Verluste hinnehmen müssen. Sie müssen erst frische Kräfte über die Wolga bringen, um wieder aktiv werden zu können. Jedoch haben sie es im Augenblick nicht eilig damit. Die Durchbrüche im Donbogen und im Süden von Stalingrad haben ihnen die Initiative verschafft.

Ab und an knallt ein einzelner Gewehrschuss. Sie stammen von sowjetischen Scharfschützen. Diese hocken auf Dächern, hinter Kaminmauern und leeren Fensterlöchern. Ihre Ziele sind alle deutschen Soldaten, die sich unvorsichtig bewegen. Aber auch daran haben sich Jaskulska, Markquardt, Neuhammer und die anderen bereits gewöhnt.

Der Gefreite Fritz Schirmer kommt nun bereits zum dritten Mal in den Keller und beschwert sich lautstark darüber, dass die Essenholer noch nicht zurück sind.

Im Nebenraum hat er eine improvisierte Kochstelle gebaut und in einigen leeren Blechdosen köchelt schon seit einiger Zeit das aufgetaute Schneewasser.

„Nun bleib mal ruhig. Es kann ja nicht mehr lange dauern", meint Markquardt beruhigend zu ihm. „Vielleicht mussten sie einen Umweg nehmen oder wurden wegen irgendwas aufgehalten."

„Na, Hauptsache sie bringen irgendwas Essbares mit. Hier ist nämlich alles restlos weggeputzt", mischt Feldwebel Riehl sich ein und zeigt sein leeres Essgeschirr und die leeren Taschen.

Oberleutnant Jaskulska erwidert beschwichtigend: „Ach, beruhigt Euch mal. Der Jakob findet immer nachhause und der Kochmann ist ja auch noch mit dabei. Die beiden kommen immer durch."

Endlich kommen die Essenholer. Der Obergefreite Jakob trägt eine zusammengebundene Zeltbahn über seiner rechten Schulter und wirft sie mitten im Keller auf den Boden.

Kochmann schimpft: „Verdammt lausige Zeiten. Angeblich haben die Kameraden selbst nichts. Unsere Vorratslager am Don haben nun die Iwans und fressen sich satt an unseren Vorräten."

Alles was die beiden Landser mitbringen, sind drei verschimmelte und hartgefrorene Kommissbrote, eine Dose mit merkwürdig riechender Buchweizengrütze, eine verbeulte Büchse mit Fisch und einige Beutelchen mit Zitronenpulver.

Ungläubig sehen die restlichen Soldaten die Ausbeute.

„Das ist alles? Na, dann Mahlzeit", mault der Gefreite Schirmer.

Jakob grinst und zieht eine Flasche Korn aus seiner Manteltasche. Die Männer, die eben noch niedergeschlagen waren, staunen nun.

„Die habe ich vom Zahlmeister geklaut, als er sich kurz umgedreht hatte. Sie ist noch fast voll. Das gibt einen großen Schluck für jeden von uns. Der Herr Oberleutnant bekommt natürlich zwei, denn ein Unterschied muss schon sein."

Nun zaubert Kochmann noch eine Hartwurst aus seiner Manteltasche. Da ist es Jakob, der nun verwundert zu seinem Kameraden schaut.

„Wo hast Du die denn nun her?"

Kochmann setzt ein hämisches Grinsen auf.

„Auch geklaut. Denkst wohl, nur Du kannst das?"

Schirmer nimmt die Beute an sich. Er versteht es ausgezeichnet, selbst aus scheinbar nichts, etwas Essbares zu zaubern. Die Hartwurst jedoch teilt Kochmann sofort auf. Jeder bekommt einen gerechten Anteil. Markquardt steckt seinen Teil gleich in den Mund.

Kauend meint er: „Wer weiß, was in einer Stunde ist. Was man bereits im Bauch hat, kann einem nicht mehr genommen werden."

Draußen peitscht ein Schuss durch die Stille.

„Da hat wohl wieder jemand die Nerven verloren", sagt Riehl ärgerlich.

„Wer ist Wachhabender?", fragt Jaskulska.

Riehl kratzt sich am stoppeligen Kinn.

„Unteroffizier Neuhammer. Der hat eigentlich Nerven wie Stahlseile. Ich werde gleich mal gehen und nachschauen."

Dazu kommt es nicht mehr. Die Männer hören Gepolter auf der Treppe.

Der Gefreite Baumgart kommt hereingestürzt und stammelt: „Der Münch! Sie bringen ihn schon."

Der Gefreite Münch, ein junger Bursche mit hellblonden Haaren aus dem Badischen, wird von zwei Soldaten hineingetragen.

Oberleutnant Jaskulska eilt zu seinem Untergebenen. Der junge Soldat hat ein kleines Loch im Hinterkopf. Seine ehemals strahlend blauen Augen sind bereits glasig.

Der Gefreite Baumgart sieht noch immer geschockt auf seinen Kameraden.

„Er wollte zum Schuppen hinüber. Holz für die Küche holen. Unteroffizier Neuhammer hatte ihm noch nachgerufen und gewarnt. Da hatte es aber schon geknallt."

Die Männer stehen um den toten Soldaten herum. Jaskulska drückt dem jungen Soldaten die Augen zu und bricht die Hälfte seiner Erkennungsmarke ab.

„Ohne Stahlhelm?", fragt der Kompanieführer unterdrückt.

„Nur mit Mütze, Herr Oberleutnant", antwortet der Gefreite.

Ärgerlich schlägt er mit der rechten Faust auf eine alte Holzkiste.

„Verdammt noch mal! Es ist doch immer wieder dasselbe! Eher glaubt es ja keiner!", und zum Gefreiten Baumgart und den beiden Soldaten gewandt, meint er kurz angebunden: „Gehen Sie wieder auf Ihre Posten. Sofort!"

Mit gesenktem Haupt wendet sich der Offizier ab und geht zu seinem Platz.

„Das Projektil ist unterhalb des rechten Unterkiefers wieder ausgetreten. Der Schuss kam von schräg oben. Ein Dachschütze also“, meint Feldwebel Otto Markquardt zu seinem Kompanieführer.

„Otto, nimm mit Jakob Münch die Sachen ab und bringt ihn wieder nach oben. Mit dem Begraben warten wir bis es dunkel ist“, befiehlt Jaskulska mit müder Stimme.

Einige Minuten später steigen sie die Treppe hinauf. Von der Fabrik, deren Keller ihnen als Unterschlupf dient, stehen nur noch die kahlen Außenwände.

Unteroffizier Neuhammer kauert hinter einem Pfeiler. Eine Granate hatte ein großes Stück aus dem Beton herausgerissen.

Er mustert die etwa 400 Meter entfernt gegenüberliegende Hausruine.

„Im dritten Stockwerk das fünfte Fenster von links, Herr Oberleutnant. Dort wo der nieder gebrochene Balkon darüber hängt. Das wäre doch ein erstklassiger Schützenstand“, ruft der Unteroffizier.

„Na, dann schießen Sie ihn da raus!“, erwidert dieser.

„Wird schwer sein. Die ganzen Mauerbrocken und verbogenen Eisenträger. Da kommt man nicht so leicht hin.“

Oberleutnant Konstantin Jaskulska sprintet zum Unteroffizier hinüber und wirft sich ebenfalls hinter dem Pfeiler in Deckung.

„Kommen Sie, Neuhammer. 400 Meter sind doch für Sie keine Entfernung. Ich würde es selbst machen, aber seit diesem verfluchten Flammenwerfer sind meine Augen nicht mehr die Besten.“

Der Offizier klopft Neuhammer auf die Schulter.

„Wir machen es gemeinsam, Neuhammer. Runter muss er. Ich trete auf den Hof hinaus. So ein Ziel wird er sich nicht entgehen lassen können. Also wird er hervorgekrochen kommen und dann schießen Sie. Ganz einfach."

Der Unteroffizier sieht seinen Kompaniechef entsetzt an.

„So machen wir es und fertig. Ich schleiche mich jetzt bis zur unteren Ecke und locke ihn damit heraus. Wenn Sie es nicht wollen, dann lassen Sie es eben. Dann bin ich halt dran. Behalten Sie mich wenigstens in guter Erinnerung."

Oberleutnant Jaskulska duckt sich und gleitet zur unteren Gebäudeecke hinunter. Die Landser in den Schützenlöchern ziehen die Köpfe ein. Feldwebel Neuhammer wird es plötzlich heiß. Er legt den Sicherungsflügel herum, zielt und geht auf den Druckpunkt.

Es dauert eine gefühlte Ewigkeit.

Endlich schiebt sich ein Gewehrlauf mit Zielfernrohr nach vorn. Langsam neigt sich die Mündung nach unten. Der Rand einer Fellmütze kommt zum Vorschein.

Neuhammer drückt durch. Von der Hausfassade löst sich eine plumpe Masse und stürzt herunter. Das Gewehr kommt torkelnd nach.

Neuhammer lässt den Karabiner sinken und wischt sich über die feuchte Stirn.

Plötzlich keimt Gefechtslärm auf und Markquardt steht auf einmal hinter ihm und schreit: „Was ist denn jetzt schon wieder los?"

Nicht weit entfernt in einem zerwühlten Vorgärtchen steht ein ausgebrannter T 34. Dort huschen nun Gestalten hin und her. Russische Maschinengewehre rattern und auch Granatwerfer beginnen zu ploppen.

Überall im Hof stäuben nun kleine Schneewölkchen auf. Splitter und Querschläger surren und jaulen. Die Hölle wurde wieder einmal losgelassen.

Wer noch unten im Keller war, der stürmt nun herauf und erwidert das Feuer.

Baumgart liegt hinter dem MG 34. Es hat eine Ladehemmung und er reißt am Schloss herum.

„Den Reservelauf her!", brüllt er seinem Schützen 2 an, „Schlaf nicht ein!"

Der Soldat rührt sich aber nicht. Er liegt mit dem Kopf im Schnee und der färbt sich langsam rot.

Oberleutnant Jaskulska schnellt heran, kriecht zu Baumgart und hilft ihm. Der Ersatzlauf verklemmt sich und will nicht hinein.

Hinter dem Holzschuppen tauchen Gestalten in weißen Tarnanzügen auf. Der Stabsgefreite Struppert schwenkt seine Waffe herum und hält sie nieder, bis Baumgart wieder schussbereit ist. Schnell macht er Stellungswechsel.

Markquardt hört nun zu allem Überfluss noch das Klirren von Gleisketten. Glücklicherweise ist es ein deutscher Panzer IV, der die Gasse herunterrollt und in den Hof einschwenkt. Er überrollt die Einfriedungsmauer und beschießt die Häuserreihe jenseits des kleinen Platzes. Mauerpfeiler brechen auseinander. Halbe Hausfassaden poltern herab. Schließlich nimmt er hinter dem abgeschossenen Wrack des T 34 Deckung. Die Russen fluten zurück und verschwinden irgendwo im Trümmerfeld.

„So eine Blechkiste ist schon ein feines Ding!", meint Baumgart bewundernd. „Gegen so was sind wir nur ein Fliegenschiss."

Der Panzer kommt zurück.

Aus dem Turmluk taucht ein junger Leutnant auf.

„Befehl vom Kampfkommandanten", schreit er. „Alles zurück und bei der Seifenfabrik sammeln! Wenn Ihr noch lange rumtrödelt, ist der Iwan vor uns da."

„Was ist passiert?", fragt Oberleutnant Jaskulska.

„Der Iwan ist durch. Dürfte eine größere Sache sein. Das Gebiet hier wird aufgegeben", sagt der Panzerkommandant.

„Aufgegeben? Warum denn das?", will der Oberleutnant wissen.

„Der Ring ist zu schwach. Es ist zuviel herausgezogen worden. Es geht zurück und der Russe drückt mit starken Kräften nach. Machen Sie also rasch, Herr Oberleutnant. Vielleicht klappt es gerade noch", erklärt der fremde Leutnant.

Der junge Panzeroffizier steckt sich eine Zigarette an.

„Eigentlich sollen wir schon nach Gumrak und Pitomnik unterwegs sein. Beide Abteilungen die Flugplätze sichern. Aber es ist kein Sprit da. Angeblich soll ja wieder welcher kommen. Woher, das kann ich mir aber nicht erklären. Die großen Treibstofflager hat nämlich der Iwan kassiert."

Die beiden toten Kameraden werden gebracht.

Ohne ein Wort der Erklärung zu benötigen, sagt der Leutnant: „Legt sie aufs Heck hinter den Turm. Passieren kann ihnen ja nichts." Nach kurzem Schweigen meint er weiter: „Ich fahre voraus und mache den Weg frei. Bleiben Sie bitte kurz hinter uns. Viel Zeit haben wir nicht mehr."

Die Stahlfestung dreht sich auf der Stelle und rollt die Gasse hinauf. Feldwebel Markquardt setzt sich an die Spitze. Oberleutnant Jaskulska und Feldwebel Riehl übernehmen den Schluss. Der Panzerkampfwagen muss über Schutthaufen und Ziegelhalden fahren.

Er fährt langsam, aber dennoch vergrößert sich der Abstand mehr und mehr.

Als er um eine Ecke biegt, kommt er außer Sicht.

„Mehr Tempo!", lässt der Kompaniechef durchgeben.

Kurz vor der Krümmung bekommen sie aus einer Hausruine Gewehrfeuer. Es ist schlecht gezielt und liegt viel zu hoch. Ein paar Stielhandgranaten in die Fensterhöhlen lassen die Feinde verstummen.

„Zivilisten", knurrt Jakob ärgerlich. „Weit haben wir es gebracht."

Als sie um die Ecke biegen, ist die Gasse leer. Von dem Panzer IV ist nichts mehr zu sehen.

„Die haben uns sauber abgehängt", schimpft der Stabsgefreite Struppert. „Feine Kameraden sind das. Die sind wahrscheinlich schon wer weiß wo. Die sind nicht mal mehr zu hören."

„Klappe halten und weiter!", drängt Feldwebel Markquardt. „Die Gegend ist mir nicht geheuer und ich fürchte, wir sind der Rest vom Schützenfest."

Rechts von ihnen beginnt ein MG zu tuckern.

Als sie um die nächste Ecke biegen, sehen sie den Panzer. Er steht unter einem Balkon und brennt lichterloh. Die Besatzung hat sich in einem Hauseingang zusammengedrängt.

„Zivilisten!", zischt der Leutnant. „Zwei Zivilisten und ein Molotow-Cocktail und schon war es um uns geschehen. Jetzt müssen wir nicht mehr nach Pitomnik."

Der Leutnant sichert seine Pistole und steckt sie in die Tasche seiner schwarzen Feldhose. Seine Männer machen es ihm gleich.

„Jetzt müssen wir Sie bitten, uns Ihren Schutz zu gewähren, Herr Oberleutnant. Wir haben nichts außer unseren Pistolen. Alles andere verbrennt gerade im Panzer."

„Wir können Ihnen zwei Karabiner abtreten. Ist es noch weit bis zur Seifenfabrik?", meint Jaskulska.

„Vielleicht einen Kilometer. Sie ist nicht zu verfehlen. Immer diese Gasse entlang."

Der Leutnant, der nur einen grauen Wehrmachtsmantel über der dünnen schwarzen Panzeruniform trägt, berichtet: „Der Motor ging auf einmal aus. Wir haben ihn nicht mehr an bekommen. Das alte Lied, wenn nur noch wenig Sprit im Tank ist. Der Bodenschlamm kommt in die Siebe hinein und das Mistvieh verreckt. Also sind wir raus, Heckdeckel auf und die Sache wieder in Ordnung bringen. Da fällt von oben auf einmal ein Bündel Flaschen herab. Die knallen auf den heißen Motorblock und den Rest sehen Sie ja."

Hinter ihnen knallt und prasselt es.

„Das ist nur MG-Munition. Granaten waren keine mehr drin", schiebt er noch schnell nach.

Sie kommen an eine primitive Straßensperre aus aufgeschichteten Mauerbrocken. Dahinter steht eine Pak, zwei sMG und ein paar Infanteristen.

„Kommt noch wer nach, Herr Oberleutnant?", fragt ein Wachtmeister.

„Na höchstens Russen!", gibt Jaskulska zurück.

„Dann können wir ja bald von hier abhauen. Hoffentlich sind die Brüder hinten fertig."

Die Gasse mündet in einen großen Platz. Vor einem vierstöckigen Gebäude stehen mehrere Lastkraftwagen. Diese werden in aller Eile mit Kisten, Säcken und Fässern beladen.

„Das ist eine Brauerei. Jetzt liegt dort Verpflegung drin. Hoffentlich kann wenigstens ein Teil davon in

Sicherheit gebracht werden, bevor die Iwans hier sind", meint der Panzerleutnant.

Jakob und Kochmann sehen sich verschwörerisch an und grinsen.

„Vielleicht kann man da was erben", flüstert Kochmann dem Obergefreiten zu.

„Ich werde es probieren", beschließt dieser.

„Sei vorsichtig. Das ist eine gefährliche Sache. Das wäre Plünderung und auf die steht nun mal die Kugel!"

„Natürlich", schmunzelt Jakob. „Wo es ungefährlich ist, bekommt man sein Lebtag nichts. Ich werde ein wenig mithelfen."

Die Seifenfabrik steht einige Häuser weiter. Es ist ein großer Komplex von Gebäuden und Lagerschuppen. Ein gutes Dutzend Quartiermacher sind schon hier und streiten sich um die Räumlichkeiten. Der Panzerleutnant sieht einige Leute seiner Abteilung und verabschiedet sich von Oberleutnant Jaskulska und seinen Männern.

Dieser sieht dem turbulenten Treiben eine Weile zu und geht dann auf eigene Faust auf Quartiersuche. In einer Nebengasse stößt er auf einen leeren Kellerraum. In diesem Raum streitet sich bisher niemand, da er nicht sehr einladend aussieht. Dennoch verspricht seine gewölbte Decke guten Schutz und dieser wird noch durch den Schutt des eingestürzten Hauses darüber verstärkt. Beinahe ein richtiger Bunker.

„Für eine Nacht wird es wohl gehen", meint Jaskulska zu Markquardt. „Morgen früh werde ich ein wenig herumhorchen und zusehen, dass wir zu einem richtigen Haufen kommen. Wir können nicht ewig wie die Landsknechte auf eigene Faust Krieg führen."

Der Obergefreite Jakob kommt angelaufen. Er hat die Taschen voll mit Fleischdosen, Schokolade und sogar Zigaretten.

„Am Anfang ging es ausgezeichnet. Aber dann kam ein Trupp Panzerjäger. Die haben dann Ärger gemacht und uns raus geschmissen. Sie übernehmen diesen Abschnitt. Die Brauerei soll angeblich sowas wie ein Schwerpunkt der neuen HKL werden."

„Und was haben Sie noch gehört?", fragt Oberleutnant Jaskulska.

„Den Wehrmachtsbericht. Bei den Kabelaffen. Und diesmal war sogar mal etwas Wahres dran", meint Jakob todernst.

„Was denn? Was haben sie gesagt?", fragt Markquardt neugierig.

„Mit diesem Gongschlag ist es 19 Uhr und 35 Minuten", meint der Obergefreite trocken.

Markquardt winkt genervt ab. Der Oberleutnant kann sich ein Lachen nicht verkneifen.

„Was gibt es denn heute zu futtern?", fragt der Obergefreite Jakob und reibt sich die beinahe erfrorene Nase.

„Schneewasser", antwortet der Obergefreite Fritz Schirmer mürrisch. „Ohne alles und selbst das auch nur, wenn jemand endlich Brennholz beschafft. Wenn jedoch nicht, dann halt nur Schnee."

„Na, das ist ja ein Elend", erwidert Jakob. „Vorgestern eine halbe Schnitte Knäckebrot, gestern nichts und heute klares Schneewasser." Angestrengt denkt er nach. „Wir sind noch blöder als die sturen Panzer. Wenn die keinen Sprit mehr haben, dann bleiben sie einfach stehen. Wir machen aber auch noch mit leeren Mägen weiter", sinniert er.

„Dann lauf doch zum Iwan über", mischt sich nun der Obergefreite Kochmann ein. „Der Iwan garantiert jedem gute Behandlung und ausreichende Verpflegung und Heimkehr nach dem Krieg. Erst gestern hat er wieder Einladungen abgeworfen. Lauf also hinüber! Die zweite Gasse rechter Hand. Nicht zu verfehlen."

„Die Idee ist nicht schlecht", brummt Jakob. „Wer macht mit?"

Feldwebel Riehl springt auf und packt den Obergefreiten am Arm.

„Wo wollen Sie hin?"

Jakob schaut den Feldwebel aus seinen wachen Augen, die im Kontrast zu seinem eingefallenen Gesicht stehen, an und erwidert: „Ich will nachsehen, ob man nicht irgendwo was organisieren kann. Hier im Loch hocken und elendig verhungern, das ist nichts für Paul Jakob. Also, wer macht mit?"

„Ich", erklärt der Obergefreite Kochmann. „Vielleicht ist ja noch ein Wirtshaus offen."

Die Nacht ist schwarz und der Himmel hängt voller Wolken. Von Osten her weht ein eisiger Wind herüber und beißt förmlich ins Gesicht. Als sie aus dem Kellerloch heraus kriechen, können sie erst einmal nichts sehen. Die Augen müssen sich zunächst an die Dunkelheit gewöhnen.

Jemand knurrt: „Bei den Bolschewiken muss es Schnaps gegeben haben. Sie singen. Hört sich aber gar nicht schlecht an. Beinahe so schön wie Lilli Marleen, nur brummiger."

Die Stimme gehört dem Gefreiten Erich Baumgart. Sie klingt jedoch dumpf wie aus weiter Ferne. Sie muss durch zwei Kopfschützer, einen wollenen Schal und dann noch durch den hochgeschlagenen Mantelkragen. Seine dünnen und endlos langen Beine stecken in weitschaftigen Filzstiefeln wie in einer Blumenvase.

Der Karabiner hängt um seinen Hals. Den Stahlhelm hat er sich ins Genick geschoben, um besser hören zu können.

Als die beiden Landser sich nach rechts begeben, meint er warnend: „He, anders herum. Da geht's zum Iwan!"

„Dann sind wir ja genau richtig", brummt Jakob.

Nach einer halben Stunde kehren sie wieder zurück. Kochmann leert zwei Brotbeutel aus und wirft einen vollen Sack auf die Munitionskisten im Keller, die als Tisch dienen.

„Fritz, ist das Wasser schon heiß? Heute gibt es Fischsuppe, Brot und Kascha. Es ist für jeden genug da."

„Wo habt Ihr eingekauft?", fragt Markquardt.

„Beim Iwan. Wenn man schon überlaufen soll, dann will man wenigstens vorher wissen, wie die Verpflegung ist", gibt Jakob mit Ironie in der Stimme zurück.

„Wie habt Ihr das nun wieder gedreht?", fragt Markquardt den Obergefreiten.

„War ganz einfach. Kochmann hat sich mit einer besoffenen Wache unterhalten und ich bin nachschauen gegangen. Sie saufen und singen. Singen können sie übrigens ganz schön und laut. Im Hausflur der Russen war alles recht ordentlich beisammen. Man musste nur noch aussuchen und mitnehmen", gibt Jakob ganz ruhig zurück.

Oberleutnant Jaskulska kommt von der Division zurück. Zu Essen hat er nichts dabei, aber er hat ein paar Schachteln Zigaretten bekommen. Das ergibt für jeden der Männer drei Stück.

Nach kurzer Zeit wird aufgetischt. Die Fischsuppe ist scharf gewürzt. Aber mit Brot schmeckt sie sehr gut. Die Buchweizengrütze füllt den Magen noch zusätzlich aus. Die Männer kommen sich nach der langen Zeit der Entbehrung vor, als ob Geburtstag, Ostern und Weihnachten auf einen Tag fallen.

Der Oberleutnant löffelt gerade den Rest seiner Suppe und meint: „Wir haben einen neuen Auftrag erhalten. Wache beim Divisionsstab. In zwei Stunden werden wir von einem Nachrichtenzug abgelöst."

Schirmer muss vor Überraschung prusten.

„Wollen die dann den Krieg telefonisch führen?"

Die Nachrichtenleute lassen auf sich warten. Vor ihnen an der Front tauchen schemenhafte Gestalten auf: die sibirischen Schützen, die ihnen gegenüber liegen. Anscheinend haben sie bemerkt, dass sie um ihre Verpflegung erleichtert wurden. Nun setzen sie zu einer privaten Vergeltungsaktion an.

Anders als sonst, nämlich völlig lautlos tauchen sie aus der Dunkelheit auf und schnellen heran. Die deutschen Posten feuern. Baumgart schickt eine Leuchtkugel zu ihnen hinüber und die Maschinengewehre beginnen zu feuern. Die Männer, die noch im Keller sitzen, stürmen hinaus und unterstützen den Abwehrkampf. Damit hatten die Sibirer wohl nicht gerechnet. Sie stoben auseinander und flüchten zurück. Langsam wird es wieder ruhig.

Einige Zeit später drücken sich erneut schemenhafte Gestalten aus der Querstraße und nähern sich zögernd.

Sie schwenken brennende Laternen und eine tiefe Bassstimme ruft: „Nix schießen! Sanitäter! Nix schießen!"

„Was wollen die?", fragt ein Soldat verunsichert.

„Na, bestimmt ihre Verwundeten zurückholen", meint Markquardt trocken.

Jaskulska steht hinter ihnen und meint: „Lasst sie. Wir sind keine Unmenschen. Aber schickt Leuchtkugeln hoch und scharf aufpassen. Nur für alle Fälle. Nicht, dass ihnen noch Dummheiten einfallen."

Zwei Leuchtkugeln zischen in die Höhe. Die nun angestrahlten Häuserwände wirken wie eine skurrile Theaterkulisse. Die Russen werfen sich in Deckung.

Jaskulska tritt drei Schritte vor und ruft in beinahe akzentfreiem Russisch: „Idite suda! U was desjatch minut!"

Jaskulska wendet sich an seine Männer.

„Waffen runter. Ich habe ihnen zehn Minuten Zeit gegeben. Wenn sie nichts Verdächtiges unternehmen, wird nicht geschossen."

Die Sibirer kommen herangeeilt und legen ihre gefallenen Kameraden auf mitgebrachte Tragen und bringen sie im Laufschritt weg.

Als die traurige Arbeit erledigt ist, schwenkt der russische Truppführer mit seiner Laterne, winkt herüber und ruft: „Spassibo towarischam! Spassibo!"

„Na, wir beginnen uns ja langsam anzufreunden", meint der Obergefreite Jakob grimmig.

„Kann ja nicht schaden. Wer weiß, was alles noch kommt", gibt Oberleutnant Jaskulska ungerührt zurück.

Endlich erscheint die Ablösung und übernimmt den Abschnitt. Es sind blutjunge Soldaten. Sie werden von einem älteren Feldwebel geführt.

„Spätestens gegen Mittag hauen wir wieder ab und gehen zurück. Es heißt bis zur Spinnerei. Wenn wir dann noch leben. Wer hätte das vor sechs Wochen schon vermutet. Ich hatte schon meinen Urlaubsschein in der Tasche", meint der Feldwebel.

„Die Stellung ist nicht schlecht. Ihr habt freies Schussfeld und gute Deckung. Rechts von Euch liegen Pioniere. Hauptsache Ihr habt genug Munition", versucht der Oberleutnant zu trösten.

Der fremde Feldwebel winkt ab.

„Rechts von uns ist niemand mehr. Die Pioniere haben sich schon lange abgesetzt. Dort sind nur noch zwei MG-Mannschaften und sollen Stärke vortäuschen, damit der Iwan nicht sofort nachstößt. Was die Munition angeht, naja, was wir halt so zusammenkratzen konnten."

Die Truppe des Oberleutnants marschiert im Gänsemarsch durch die dunklen Gassen. An Hausruinen vorüber, an einem umgestürzten Sanka vorbei und über zerstörtes Gerät hinweg. Sie sehen einen ausgebrannten Panzerkampfwagen, der halb in einem zerstörten Kaufmannsladen steht. Überall sind Berge von Schutt und Gerümpel.

„Divisionswache", meint Markquardt zu Jaskulska. „An sich keine schlechte Sache. Mal schauen, wie lange wir den Posten behalten dürfen."

Der Oberleutnant antwortet nachdenklich: „Ich denke, nicht allzu lange. Allenfalls ein paar Tage. Es fehlt ja an allen Ecken und Enden. Einige Regimenter bestehen nur noch aus fünfzig oder sechzig Mann."

Im Westen glüht der Himmel. Im Süden lodert er blutig rot. Scheinwerfer schwenken ihre Leuchtkegel und tasten den Nachthimmel ab. Schwere Flak brüllt.

„Woher nehmen die nur immer wieder die Unmengen an Geschützen und Panzern?", murmelt Markquardt kopfschüttelnd.

„Ich verstehe es einfach nicht."

Sie kommen zu einem großen Platz. Seine Breitseite nimmt ein imposanter, wuchtiger Ziegelbau ein. Mit seiner fensterlosen Front, dem Zinnenkranz und den Türmen sieht er beinahe wie eine mächtige Zitadelle aus. Doch es ist die Spinnerei.

Hier sind Pioniere an der Arbeit. Sie schachten die Bürgersteige aus und schütten Mauerbrocken und anderen Schutt zu niedrigen Wällen auf. Nach ein paar Spatenstichen müssen die meisten eine Pause einlegen. Feldwebel Markquardt und Unteroffizier Neuhammer sehen eine ganze Gruppe der Pioniere, die auf ihren Spatenstielen gestützt, eine längere Pause machen und keuchen. Wenig Schlaf, nichts zu essen und eisige Kälte. Nun noch schwere Arbeit. Die Männer pfeifen auf dem letzten Loch.

Straßensperren riegeln die Zufahrtsstraßen ab. An den Durchfahrten stehen Feldpolizisten und kontrollieren jede durchkommende Einheit, jeden einzelnen Mann. Wer zu keiner intakten Einheit gehört oder sich nicht ordentlich ausweisen kann, der wird zu einer Alarmeinheit gesteckt und hat nicht mehr viel zu erwarten.

Selbst Verwundete werden in eine Sanitätsbaracke verfrachtet. Dort werden die Verbände abgewickelt und kontrolliert, was wirklich darunter ist.

Es gibt viele Verzweifelte, die alles versuchen, um ins Hinterland zu gelangen und zu verschwinden. Trotz aller Maßnahmen kommen immer wieder einige durch, verstecken sich in Kellern oder Schächten und warten auf das Ende.

Bei der Division erfährt Oberleutnant Jaskulska nun, dass auch der Flugplatz Pitomnik von den Sowjets überrollt wurde.

„Bleibt nur noch Gumrak", meint der Ic der Division. „Keine Ahnung, wie das gehen soll. Aber bei Stalingradskil wird fieberhaft an einem Ausweichflugfeld gebaut."

„Immerhin eine gesunde Arbeitstherapie. Arbeit hält warm", meint der Oberleutnant höhnisch. „Damit die Leute abgelenkt werden? Damit nicht alle auf einmal wahnsinnig werden?"

Der Stabsoffizier erschrickt und hat es plötzlich sehr eilig: „Entschuldigen Sie mich, Herr Oberleutnant. Es gibt noch viel für mich zu tun."

Jaskulska schaut ihm verwundert nach.

„Sie müssen ihm das nachsehen", meint der Ic-Schreiber, der hinter einem alten Schreibtisch sitzt und sich zum Oberleutnant wendet. „Er hat es auch nicht leicht. Soll hier den starken Mann spielen und glaubt selbst nicht mehr an ein glückliches Ende. Wenn er gefangene Offiziere vernimmt, dann lachen sie ihm ins Gesicht und geben ihm den Rat, er soll sich lieber gut mit ihnen stellen. Es könne nicht mehr lange dauern und dann ist hier Schluss."

35 Grad Kälte. Draußen, außerhalb des Kellers, der der Kompanie des Oberleutnants Jaskulska als Unterschlupf dient, heulen die Stürme und es liegen Berge von Schnee. Es gibt keinen Sprit mehr. Fahrer können die Motoren ihrer Fahrzeuge nicht mehr warmlaufen lassen. Kühlwasser ablassen geht auch nicht, da es jeden Moment heißen kann: Weiter zurück. Reihenweise platzen daher die Zylinderköpfe und es rührt sich nichts mehr.

Mit den Funkgeräten sieht es ähnlich aus. Die Batteriezellen vertragen die Kälte ebenfalls nicht.

Feldwebel Kittel sitzt vor seinem Gerät. Ein leises Piepsen dringt daraus hervor. Er kriecht förmlich in das Funkgerät hinein und diejenigen, die ihm gespannt dabei zusehen, halten den Atem an.

„Na?", fragt Jaskulska. „Wird es noch etwas?"

„Ist nichts mehr zu hören, Herr Oberleutnant", meint der Funker und nimmt die Kopfhörer ab. „Einiges habe ich jedoch noch mitbekommen. Gumrak wurde geräumt. Wir sind herausgeschmissen worden. Nun der übliche Zirkus. Sämtliche Papiere sind zu vernichten. Die Gekados, die Schlüssel, alles ist zu vernichten."

Der Oberleutnant dreht sich wortlos um und geht aus dem Keller. Trotz der Stürme draußen hält er es im Keller, in dem es ebenfalls kalt ist, nicht mehr aus.

An einer Hauswand im Windschatten lehnt ein Artilleriemajor. Er ist Spezialist für den Straßenkampf mit schweren Waffen. Er wurde erst vor kurzem in den Kessel eingeflogen. Jaskulska kennt ihn. Sie waren zusammen auf einem Lehrgang.

„Ist denn in ganz Großdeutschland nichts mehr vorhanden, das uns noch raushauen kann, Herr Major?"

Die Augen des Angesprochenen flackern. Er zündet sich eine Zigarette an und bietet dem Oberleutnant ebenfalls eine an.

Tief atmet er den würzigen Rauch ein und bläst blauen Qualm aus.

„Doch, mein Lieber. Allein in Frankreich stehen mindestens 50.000 Mann an Besatzungstruppen. Dazu noch Norwegen, der Balkan, die Niederlande. Aber Hitler gibt keine Truppen frei."

Verbittert senkt Jaskulska den dick umwickelten Kopf.

„Und warum nicht?"

Wieder bläst der Artillerieoffizier den Rauch aus.

„Die Invasion spukt in den Gehirnen herum. Er rechnet mit einer Invasion der Alliierten. Er weiß aber nicht, wo. Da ist nichts zu machen."

Zwei Tage später geht der provisorische Flugplatz von Stalingradskij verloren. Es ist der letzte Flugplatz im Kessel. Tausende Verwundete liegen auf freiem Feld herum. Sie kamen teilweise auf allen Vieren bis hierher gekrochen, weil sie hörten, dass man sie hier ausfliegen würde. Viele erfrieren, sterben an Entkräftung oder sie verhungern, noch ehe die russischen Panzer das Feld erobern. Stalingradskij ist ein einziges Leichenfeld. Hier und da bewegt sich noch etwas. Ein Großteil der Verwundeten hat bereits die Fahrkarte um den Hals hängen, die Anweisung eines leitenden Lazarettarztes, dass der Soldat ausgeflogen werden muss.

Nun gilt selbst dieses schwer zu erlangende und heiß begehrte Stück Pappkarton nichts mehr. Wo kein Flugzeug mehr landet, da kann auch niemand mehr ausgeflogen werden.

Nun sind sie wieder alle gleich. Die Landser mit Schein und die ohne die Fahrkarte zur Rettung. Ihnen allen steht das Ende bevor, ohne Unterschied.

Die Tataren und Kalmücken, die Kirgisen und Burjaten, die Jakuten und Baschkiren, die auf den gepanzerten Fahrzeugen hocken oder hinterherlaufen, sind keine zarten Gemüter. Doch vor diesem grauenhaften Anblick gefriert selbst ihnen das Blut in den Adern.

Ganz Stalingrad wird zu einem einzigen riesigen Sarg, in dem ab und an noch verlöschendes Leben pulsiert. Der Sarg ist 25 Kilometer lang und 16 Kilometer breit. In ihm rumort es gespenstisch.

Es gibt keine geordnete Nachrichtenübermittlung mehr, doch trotzdem sickern hin und wieder aufmunternde Parolen durch und verbreiten sich in Windeseile. Einer der halb verhungerten Landser flüstert oder schreit es dem anderen zu. Die Parole, dass das Armeeoberkommando in die Stadt, in den Keller des Kaufhauses am Roten Platz gezogen ist, schlägt ein wie eine Bombe.

Diese Nachricht wird von den verzweifelten Gestalten gierig aufgesogen und alles klammert sich an diesen allerletzten Strohhalm.

Der Obergefreite Jakob spricht aus, was sich die meisten denken: „Wenn das so ist, dann kann es nicht ganz so schlecht stehen. Wenn sogar die ganz hohen Herren herkommen, statt sich ausfliegen zu lassen, dann kommt bestimmt bald was. Ihr werdet schon sehen. Manstein lässt sich bestimmt noch was einfallen, der Hotz bohrt sich zu uns durch und holt uns raus und dann werden die Bolschewiken aber was erleben!"

Um ihn herum bleibt es still. Kein Jubel, keine Zustimmung, kein Echo. Nicht einmal Unteroffizier Neuhammer verzieht sein steinhartes Gesicht.

Jakob wird unsicher.

„Was denn, was denn? Was ist denn auf einmal in Euch gefahren? Glaubt Ihr denn noch überhaupt an was? Oder ist es Euch nicht recht, wenn man uns aus dieser Hölle rausholt? Der Führer lässt uns hier nicht verfaulen! Schirmer, was denkst Du? Wenn Du so ein blödes Gesicht machst, dann denkst Du doch an irgendwas."

Der Gefreite Schirmer zuckt zusammen.

„An was ich denke? Ich denke, ob sie wohl auch was zu fressen mitbringen, wenn sie hier sind. Aber es muss schon recht bald sein. Lange halte ich das nämlich nicht mehr aus. Mir ist mein leerer Brotbeutel ja schon zu schwer. Und kalt ist mir, so kalt. Ich fürchte, mit mir ist überhaupt nichts mehr los."

Der Obergefreite Kochmann kommt die Treppe hinunter gestürzt und brüllt aufgeregt: „Ein Gaul! Ein richtig strammes Viech. Fett wie eine Wachtel."

Diese Nachricht zündet die beinahe schon erloschenen Lebensfunken neu. Alle drängeln hinaus. Ein pralles Russenpferd hat sich anscheinend irgendwo losgerissen und spaziert nun zwischen den Schutthalden herum.

„Idi suda Ijubowts!", ruft Jaskulska ihm zu, um ihn anzulocken und Markquardt schießt.

Sofort fallen sie über den Kadaver her und zerren ihn in den Keller hinunter.

Schirmer macht Feuer in einem verrosteten Ölfass. Er und Kochmann machen sich an die Arbeit.

Schon kurze Zeit später schlagen sie sich die Bäuche voll mit halbrohem Pferdefleisch, schlürfen gierig die fette Brühe. Trotz des Fehlens von Brot und Salz sieht auf einen Schlag alles viel freundlicher aus. Schirmer wischt sich über den Mund und strahlt wieder glücklich.

„So, von mir aus kann es wieder losgehen. Lieber eine Kugel in den vollen Bauch, als ein Seitengewehr in den leeren. Was hast Du denn, Neuhammer?"

„Ich weiß nicht", murmelt der Unteroffizier. „Bei mir drin muss was nicht richtig stimmen. Das Vieh hat doch groß wie ein Scheunentor vor mir gestanden. Ich habe auf den Schädel gezielt und gerade noch die Brust erwischt. Es hat vor meinen Augen richtig geflimmert, hab kaum noch das Korn gesehen."

„Genauso wie bei mir. Da war es vorhin auch so. Wenn der Bauch leer ist, dann rutscht eben alles nach unten nach und hat keinen richtigen Halt mehr. Aber jetzt ist alles wieder schön fest. Jetzt geht es wieder", meint Oberleutnant Jaskulska zustimmend.

Ein johlender Haufen wälzt sich die Treppe hinab. Abgerissene Landser und zerlumpte Zivilisten. Sie stürzen sich auf die Überreste, werfen das Fass um und prügeln sich um die letzten Fleischklumpen.

„Abmarsch!", befiehlt Oberleutnant Jaskulska. „Bei dieser traurigen Vorstellung müssen wir nicht in der ersten Reihe sitzen. Zusammenpacken und raus."

Als sie auf der Straße stehen, meint Feldwebel Markquardt: „Hätten wir nicht doch lieber durchgreifen sollen, Herr Oberleutnant?"

„Nein!", schneidet Jaskulska ihm das Wort ab. „Die sind fertig. Die nehmen keine Vernunft mehr an. Dieser ganze Wahnsinn ist für einige zu viel. Sollen wir nun auch noch auf die eigenen Leute schießen?"

„Aber die Zivilisten!", wirft Markquardt ein und ballt die Fäuste.

„Die haben genug durchgemacht und schließlich will jeder leben. Hören Sie nur! Die erschlagen sich gegenseitig."

Eine Streife der Feldgendarmerie biegt um die Ecke.

„Wer seid Ihr?", herrscht der Streifenführer Jaskulska an und hält ihm seine Nullacht vor die Brust. „Soldbücher und Erkennungsmarken her!"

Oberleutnant Konstantin Jaskulska öffnet umständlich seinen Mantel. Dabei kommt sein Ritterkreuz zum Vorschein. Als der Streifenführer das Ritterkreuz erkennt, wird er schlagartig freundlicher.

„Trotzdem, Herr Oberleutnant. Heutzutage stimmt nicht immer alles. Ich muss Ihr Soldbuch sehen."

„Herr Oberfeld", meldet Feldwebel Markquardt, „da unten tut sich was und das ganz wild."

Der Streifenführer knipst seine Taschenlampe an und leuchtet in den Kellerraum.

„Lauter Gesindel und natürlich Zivilisten dabei. Die glauben schon, dass sie die Oberhand haben."

Er gibt dem Kompaniechef das Soldbuch zurück.

„Sie sehen ja selbst, was hier los ist. Überall nur noch Drückeberger, Deserteure und Plünderer. Es ist wirklich nicht mehr feierlich. Wohin gehört Ihr Haufen eigentlich?"

„Wache beim Divisionsstab", gibt Jaskulska gelassen zurück.

„Den Divisionsstab hier gibt es nicht mehr. Die Herren sind vor einer Stunde abgehauen, ohne Aufriss und ohne Grüß Gott. Ihr seht ja ganz ordentlich aus. Daher will ich es Euch mal glauben. Drüben an der Ecke finden Sie den Abschnittskommandanten. Es ist wohl am besten, Sie melden sich bei ihm. Aber ohne große Umwege. Auf Fahnenflucht steht die Kugel."

Ohne weitere Worte trennen sich die beiden Gruppen wieder.

Der Abschnittskommandeur ist ein älterer weißhaariger Hauptmann mit zerschlissener Uniform und ausgedörrtem Vogelgesicht. Als Jaskulska meldet, winkt er ab.

„Was soll ich denn mit Euch anfangen? Macht lieber, dass Ihr hier weg kommt. Ich würde es am liebsten auch, aber ich muss hier bleiben. Zum Wasserturm hinüber soll es angeblich noch gehen." Auf das Ritterkreuz des Oberleutnants deutend meint er abschließend: „Einen freundschaftlichen Rat noch, wenn Sie wollen, Herr Oberleutnant. Machen Sie Ihr Ritterkreuz nicht ab. Lassen Sie es lieber recht sichtbar heraushängen. Es klingt vielleicht komisch, aber die Bolschewiken haben davor oftmals einen Heidenrespekt. Schaden kann es auf keinen Fall. Also dann, Hals- und Beinbruch, Herr Kamerad."

„Ist es also schon so weit, Herr Hauptmann?", fragt Oberleutnant Jaskulska betreten.

„Ist es. Darauf können Sie sich verlassen. Stalingrad ist in drei Abschnitten zerschnitten. In Nord, Mitte und Süd. Jeder kämpft für sich allein und auf eigene Faust. Stalingrad-Mitte ist am schwächsten und wird nicht mehr lange durchhalten. Hier ist es noch ganz passabel. Hier sind die Angriffe nicht ganz so stark." Ein lautes Knurren dringt an Jaskulskas Ohren. „Entschuldigen Sie bitte. Das war nur mein Magen, der so geknurrt hat. Seit Tagen ist nicht mehr viel drin."

Deutsche Flugzeugbesatzungen mogeln sich immer wieder todesmutig durch die massiven russischen Flaksperren, schlagen sich mit Rattas und Jaks herum. Sie kreisen über dem Kessel und werfen Versorgungsbomben ab. Anders geht es nicht mehr.

An guten Tagen gelangen so acht bis zehn Tonnen Versorgungsgüter in den Kessel. Meist sind es weniger. Doch selbst von diesen wenigen Tonnen landet oftmals die Hälfte hinter den russischen Linien. Diese Linien verschieben sich von einer Stunde auf die nächste. Kein Mensch hat den genauen Überblick. 500 Tonnen müssten die tapferen Transportflieger einfliegen, eine Sache der Unmöglichkeit. Nach und nach werden alle Pferde geschlachtet. Jeder Versorgungssack wird zweimal umgestülpt, jedes Krümelchen aufgelesen.

Sowjetische Stoßtruppen und deutsche Widerstandsgruppen liegen sich in Ruinen gegenüber, teilweise ganz nahe nebeneinander, nur durch eine Straße, einen Platz oder eine Hausruine getrennt. Nicht selten sitzen sie sogar Wand an Wand nebeneinander. Wenn eine Seite dies mitbekommt, dann wird angegriffen. Wer überlebt, der zieht weiter in den nächsten Unterschlupf. Obwohl die Luft klirrend kalt ist, wagt es niemand Feuer zu machen. Der aufsteigende Rauch würde sofort die eigene Stellung verraten. Beide Seiten haben es im Stalingrader Kessel schwer, doch sind die Sowjets in erdrückender Übermacht. Sie bohren sich meterweise vorwärts und gewinnen gegen die ausgemergelten deutschen Soldaten mehr und mehr an Boden.

Als russische Fellmützen in der Gasse auftauchen, muss die Kompanie Jaskulska oder das, was von ihr noch übrig ist, ausweichen. Bisher waren sie in einem kleinen, noch halbwegs intakten Pförtnerhäuschen untergekommen. Es hatte sogar den Luxus einer Fußbodenheizung. Im Keller glühten riesige Kokshaufen und verbreiteten angenehme Wärme.

Schirmer hatte vor kurzem eine kleine Versorgungsbombe gefunden und sie konnten sich die Bäuche vollschlagen. Gerade waren sie dabei, die Gewehrmunition aufzuteilen, als Markquardt hereingestürzt kam und Alarm schlug.

Nun sind sie wieder in der eisigen Kälte.

„Wie viele hast Du gesehen?", erkundigt sich der Oberleutnant.

„Mindestens ein starker Zug mit Granatwerfer", gibt der Feldwebel zurück.

„Wir hauen ab. Auf sowas können wir uns nicht einlassen."

Die Gegend liegt wie ausgestorben vor ihnen. Durch die verwinkelten Gassen pfeift ein eisiger Wind und es beginnt wieder zu schneien. Vor dem feuchten

Mundschutz der Männer gefriert der Atemdampf. Er rieselt als feiner weißer Staub auf die Brust oder den Boden nieder.

Hinter ihnen rührt sich nichts.

„Die werden die Fußbodenheizung entdeckt haben und sich jetzt ein wenig aufwärmen wollen", meint Jaskulska bitter.

Feldwebel Otto Markquardt läuft neben seinem Kompaniechef und schnauft vor Anstrengung.

„Naja, uns kann es nur recht sein. Rechts und links von uns dürfte sich alles abgesetzt haben. Schauen wir, dass wir von hier wegkommen."

„Verdammte Sauerei!", flucht der Obergefreite Paul Jakob durch die zusammengebissenen Zähne. „Sind wir denn gar nichts mehr wert? Nur noch rennen und ausweichen. Zum Kotzen ist das."

„Ein Dreck sind wir. Der allerletzte Dreck. Aber wir sind nicht daran schuld. Das sind ganz andere Herren!", antwortet der Gefreite Erich Baumgart.

„Ruhe, Herrschaften! Mit Streitereien ist uns nicht geholfen. Wir müssen Anschluss an einen anderen Haufen finden", versucht Jaskulska zu schlichten.

„Und die guten Sachen sind auch zum Teufel. In der Eile ist mehr als die Hälfte liegen geblieben. Darüber freut sich nun der Iwan", klagt Schirmer.

Feldwebel Markquardt bleibt plötzlich stehen und hebt die Hand. Aus einem zerstörten Haus laufen Männer heraus. Deutsche Mäntel, vermummte Gesichter, keine Stahlhelme. Sie schleppen dicke Säcke hinter sich her.

„Plünderergesindel!", faucht Markquardt und nimmt seinen Karabiner in Anschlag. „Die werden gleich was erleben."

Als der Feldwebel mit angelegter Waffe auf sie zuläuft, geben sie sich als russische Hilfswillige zu erkennen. Sie bleiben stehen und reden mit gefalteten Händen auf den Feldwebel ein. Oberleutnant Jaskulska und der Rest der Männer folgen Markquardt.

„Sie haben sich Zivilkleidung organisiert. Wenn sie von den eigenen Landsleuten in deutschen Uniformen erwischt werden, ergeht es ihnen schlecht", übersetzt der Oberleutnant das aufgeregte Gerede der Hiwis. „Wir lassen sie laufen. Sie müssen die Rotarmisten noch mehr fürchten, als wir es müssen. Ich möchte nicht in ihrer Haut stecken."

Die Hilfswilligen bedanken sich überschwänglich und verschwinden schnell.

Der Wasserturm der Gießerei steht wie ein abgebrochener Pfahl vor dem matt leuchtenden Himmel. Dies ist die ungefähre Richtung, in der sie marschieren müssen. In großer Höhe klappert ein langsam fliegender russischer Aufklärer über sie hinweg. Jenseits der Wolga schwenkt ein Scheinwerferkegel von rechts nach links.

Das traurige Häuflein hockt in einem verschütteten Abwasserschacht. Rundherum sind die Russen. Auch sie haben sich unter der Erde verkrochen. Gerade feuert die russische Artillerie und pflügt die Schutthaufen jetzt zum x-ten Mal um. Am hellen Tag kann man sich nicht mehr blicken lassen, höchstens in der Nacht.

Sie hocken frierend zusammen und zählen ihre verbliebenen Patronen. Sie müssen extrem sparsam damit umgehen.

Der Obergefreite Kochmann hat einem toten Rotarmisten die Maschinenpistole abgenommen und dazu noch zwei Trommelmagazine. Zusammen sind das rund 150 Schuss. Wenn er damit von einem Sowjetsoldaten aufgegriffen wird, dann ergeht es ihm schlecht. Das weiß er ganz genau. Aber 150 Schuss wirft man in der Situation, in der sie sich befinden, nicht einfach weg.

Baumgart hat nur noch einen Ladestreifen und drei Patronen in der Kammer. Er schenkt es dem Gefreiten Schirmer.

„Weil Du immer so toll für uns gekocht hast, Fritz."
Er sucht sich eine Eisenstange.

Als es dunkel wird, machen sie sich fertig. Das Artilleriefeuer lässt nach. Sie zerlegen die Spannschlösser ihrer Maschinengewehre und vergraben die Teile im Schutt. Die schweren MGs und das Zubehör mitzunehmen, wäre sinnlos gewesen. Auf Munition zu hoffen, ebenso. Kochmann war auf Erkundung unterwegs und kommt gerade zurück.

„Alles in Butter, Herrschaften. Kein Iwan zu sehen. Die Gasse ist wie leer gefegt!"

Sie kriechen also aus dem Schacht heraus und machen sich auf den Weg. Die Russen wissen anscheinend nichts von ihnen. Vielleicht gelingt es und sie kommen durch.

Sie müssen zusammenbleiben. Feldwebel Markquardt und Riehl übernehmen die Spitze. Oberleutnant Jaskulska und Unteroffizier Neuhammer machen den Schluss.

„Denkt daran, was ich Euch gesagt habe. Wer erwischt wird, der wird zurückgelassen! Egal wer es ist! Wenn auch nur zwei oder drei von uns durchkommen, ist das immer noch besser, als wenn alle drauf gehen, weil wir uns gegenseitig helfen wollen", gibt der Oberleutnant von hinten nach vorne durch.

Als er an der Spitze der Truppe ist, schickt er Feldwebel Riehl nach hinten.

„Herr Oberleutnant, Sie haben doch immer das Schlusslicht gemacht?", wundert sich Markquardt.

„Nur für dieses Mal, nur bis wir durch sind. Danach drehen wir es wieder um", meint der Oberleutnant ruhig.

„Versteh ich nicht", brummt Markquardt.

Es geht erstaunlich gut. Über den offenen Marktplatz, den Jaskulska für den gefährlichsten Teil des Weges hält, kommen sie unbemerkt herüber. Anschließend huschen sie in eine schmale Gasse hinein. Hier jedoch wölben sich altmodische Bogengänge über den Bürgersteig und drängen den Fahrstreifen noch enger zusammen.

Plötzlich passiert es. Hinter einem Pfeiler steht ein russischer Doppelposten, zwei kleine, stämmige Männer. Jaskulska bemerkt sie erst, als er schon auf gleicher Höhe mit ihnen ist. Der eine der Männer schaut ihn verdutzt an. Der andere ist jedoch aufgeweckter. Er reißt sein Gewehr hoch und feuert. Baumgart schnellt vor und schlägt ihn mit seiner Eisenstange nieder. Jaskulska schlägt dem zweiten seine Faust ins Gesicht. So schnell es geht, rennen sie weiter die Gasse entlang.

Der Schuss hat die ganze Gegend aufgeschreckt. Hinter ihnen hören sie Getrampel, Stimmen werden laut, Leuchtkugeln steigen hoch und zerplatzen am Nachthimmel. Sie bestrahlen jedoch nur die nackten Dachbalken. In der Gasse selbst bleibt es finster.

Das Häuflein rennt um das nackte Leben.

Eine Straßensperre! Aber niemand steht davor oder dahinter. Die Landser springen darüber hinweg und hetzen weiter. Oberleutnant Konstantin Jaskulska bleibt stehen und wartet, bis Riehl und Neuhammer da sind. Noch sind alle beisammen.

„Riehl, nach vorn!", befiehlt Jaskulska außer Atem.

Die Gasse mündet in eine breite Straße. An den Häuserwänden sind Schützenlöcher eingestanzt und vermummte Gestalten hocken dahinter. Sie bewegen sich nicht. Anscheinend dösen sie vor sich hin. Markquardt rennt nach rechts hinunter, wechselt im Schutz eines umgestürzten Tankwagens auf die andere Straßenseite hinüber und biegt in die nächstbeste Quergasse ein. Die anderen folgen ihm dichtauf.

Jaskulska keucht: „Ich glaube, wir haben es geschafft!"

Gewehrschüsse peitschen auf und die Geschosse prasseln gegen die Ziegelmauer. Den Kompaniechef reißt es nach vorn. Er taumelt und schlägt auf den verschneiten Boden. Markquardt springt zu ihm. Er packt den Offizier und schleift ihn in die Gasse hinein. Jakob und Schirmer springen ebenfalls heran. Sie wollen den Stöhnenden aufheben. Der jedoch wehrt sich und stößt die beiden zurück.

„Lauft! Keinem wird geholfen. Mit mir ist es aus. Bauchschuss!", stößt er unter Schmerzen hervor.

Jaskulska kriecht auf allen Vieren zur Straßenecke zurück, zieht seine Pistole und feuert auf die heranstürmenden Rotarmisten.

„Herr Oberleutnant!", kreischt der Gefreite Schirmer entsetzt.

„Lauft! Das ist ein Befehl!"

Um ihn herum staubt es auf. Die Pistole fällt ihm aus der Hand in den Schnee.

„Ihr Hunde!", brüllt der Obergefreite Kochmann, „Ihr verfluchten Hunde!"

Aufrecht stehend schießt er das halbe Magazin leer. Das Dauerfeuer reißt die vordersten Sowjets nieder. Die anderen ziehen sich auf die jenseitige Straßenseite zurück und gehen in Deckung. Markquardt und Neuhammer wollen den tobenden Obergefreiten gerade wegzerren, da wird sein Körper von mehreren Geschossen durchsiebt. Schnell werfen sich die beiden Soldaten in Deckung. Der Obergefreite wird rücklings nach hinten geschleudert. Eine rote Blutlache breitet sich unter ihm und auf seiner Brust aus. Das warme Blut dampft an der kalten Luft.

Wieder beginnt für die restlichen Soldaten eine wilde Hetzjagd.

Deutsche Soldaten tauchen vor ihnen auf, eine abgeblendete Taschenlampe leuchtet in ihre verzerrten Gesichter.

„Wo kommt Ihr denn her?", fragt einer der fremden Soldaten.

„Von einem Begräbnis", schluchzt Schirmer.

„Und wen habt Ihr begraben?"

„Oberleutnant Jaskulska", sagt Markquardt mit rauer Stimme. „Da vorn liegt er."

„Jaskulska? Ist das der mit dem Ritterkreuz und dem verbrannten Gesicht?", fragt ein Oberwachtmeister mit der Waffenfarbe der Artillerie.

„Ja, der. Er war unser Kompaniechef", antwortet Feldwebel Otto Markquardt.

„Du lieber Himmel! Und ich habe ihn überall gesucht", sagt Oberwachtmeister Friedrich Mühlbauer.

Wieder hockt der Rest der Kompanie, die nun von Feldwebel Markquardt geführt wird, in einem eiskalten Keller. Sie sind noch ganze zwölf Mann. Seit Tagen haben sie keinen Befehl mehr erhalten, aber auch keine Verpflegung, nicht den kleinsten Krümel.

Feldwebel Markquardt ist mit dem Obergefreiten Paul Jakob auf Erkundung. Über ihnen steht ein sternenklarer Nachthimmel. Einige Straßen weiter finden die beiden eine eingefrorene russische Feldküche. Vorsichtig öffnet der Feldwebel die Klappe des Essenstanks. Erbsensuppe. Oben im Eis können Markquardt und Jakob die Fettaugen förmlich sehen und bilden sich ein, den Speck schon riechen zu können. Unten im Eis schimmert es weiß. Sie holen noch Unteroffizier Neuhammer und drei andere Soldaten. Unter größten Mühen stellen sie die Feldküche wieder auf ihr Fahrgestell und zerren sie zu ihrem Keller.

Dort wollen sie die Feldküche in den Keller bekommen. Die Feldküche passt aber nicht durch die Öffnung. Kurzerhand reißen sie eine Mauer ein.

Die Nachricht verbreitet sich in Windeseile. Immer mehr Landser kommen zum Keller, rasend vor Verlangen. Alle Vorsicht wird nun fallengelassen. Schirmer macht mit dem letzten Brennmaterial ein Feuer unter der Feldküche. Die Soldaten warten nicht, bis alles aufgetaut ist. Sie hacken nach und nach Stücke aus dem Eis. Es schmeckt schal, aber unten sind Speck und Erbsen. Langsam taut genug auf und die Männer kommen bis nach unten durch. Dort ist eine alte verlauste Unterhose.

Voller Wut treten Markquardt, Jakob und die anderen gegen die Feldküche und weinen vor Verzweiflung und Hunger. Einige der Landser trinken selbst diese dreckige Brühe.

Der Gruppe Markquardt bleibt nichts anderes übrig, als sich eine neue Bleibe zu suchen. Das Feuer wird früher oder später Rotarmisten anlocken. Sobald die

Männer auf der Straße einen Toten sehen, wird er nach Essbarem durchsucht. Doch sie finden nichts. Die meisten Toten sind anscheinend an Entkräftung gestorben. Einige der Toten liegen ohne Hosen im Schnee. Teilweise fehlt ihnen das Fleisch am Gesäß. Ungläubig und verwirrt sehen sich die Soldaten an.

Die Gruppe Markquardt kommt an einer Gruppe von rumänischen und deutschen Soldaten vorbei. Sie stehen um eine alte Öltonne, in der ein Feuer brennt. Nicht nur bei den deutschen Soldaten herrscht Mangel an Winterkleidung. Die Rumänen sind zwar teilweise mit Pelzmützen und Mänteln mit Fellkragen und Fütterung ausgestattet, doch es fehlt ihnen an vernünftigen Stiefeln. Teilweise stehen dort Männer barfuss.

Es riecht nach gebratenem oder auch verbranntem Fleisch. Der Geruch zieht die Männer beinahe magisch an. Die Landser werden von den Rumänen misstrauisch, aber keineswegs unfreundlich in Empfang genommen.

Nun sehen Markquardt und die anderen, dass die rumänischen Kameraden lange Stöcke mit Fleischbrocken über die brennende Tonne halten. Neuhammer versucht sich mit ihnen zu verständigen.

Nach kurzer Zeit gesellt er sich wieder zu seinen Kameraden und flüstert ihnen zu: „Wenn ich das richtig verstanden habe, sagten die Rumänen, dass es sich um Hunde- oder Katzenfleisch handelt. Sie haben noch etwas und wollen es mit uns teilen."

„Das ist mir auch egal", meint Feldwebel Riehl. „Besser als vor Hunger zu verrecken. Wir haben in den letzten Tagen nicht einen Krümel gefunden und es wird wohl kaum besser werden."

Riehl, Schirmer, Baumgart und einige andere wollen sich schon zu den Rumänen begeben, da zieht Markquardt Feldwebel Riehl wieder zurück und zischt: „Mensch, wann hast Du bitte schön hier das letzte Mal einen Hund oder eine Katze gesehen? Erinnere Dich an die Toten, die wir gesehen haben!"

Mit aufgerissenen Augen sieht er Markquardt an, blickt zu den fremden Soldaten hinüber, dann wieder zum Feldwebel und flüstert: „Du meinst, also Du denkst wirklich?"

Markquardt unterbricht ihn.

„Ja, genau das. Lass uns bloß von hier verschwinden."

Schnell verabschieden sie sich, um einen neuen Unterstand zu finden.

Tatsächlich hat die kleine Gruppe mal wieder Glück. Sie finden einen Keller, in dem sich ein Regimentsgefechtsstand befindet. Drei Männer fehlen jedoch. Zuletzt hatten sie die Soldaten bei der deutsch-rumänischen Gruppe gesehen.

Viel zu tun ist für die Offiziere, Unteroffiziere und Soldaten des Stabs nicht mehr. Es gibt kein Regiment mehr, keine Bataillone, keine Kompanien.

Mitten in der Lethargie kommt die Meldung, dass die 6. Armee kapituliert hat und Paulus in Gefangenschaft gegangen ist.

Es herrscht Ratlosigkeit im Gefechtsstand. Niemand weiß, wie es nun weitergehen soll.

Die Entscheidung wird ihnen abgenommen. Vor dem Gefechtsstand fahren zwei T 34 und einige Rotarmisten vor.

Der Regimentskommandeur, ein großer, stattlicher Mann im Rang eines Oberstleutnants, steht auf, setzt seine Schirmmütze auf den hageren Kopf und steht vor seinem Stuhl am Tisch. Er öffnet eine Schublade und nimmt seine P 38 heraus.

Er steht stramm und ruft: „Es lebe Deutschland! Es lebe der Führer!"

Dann setzt er seine Pistole unter sein Kinn an und schießt. Ein widerlicher weiß-roter Brei klatscht an die Wand und der Oberstleutnant sackt zusammen. Sein Ia, ein Hauptmann und drei weitere Offiziere stellen sich paarweise gegenüber.

Der Hauptmann meint noch zu Feldwebel Markquardt: „Wenn einer von uns überlebt, dann tun Sie uns den Gefallen und erschießen Sie ihn."

Die Offiziere ziehen ihre Waffen, lassen Deutschland hochleben und feuern. Keiner der vier Männer hat überlebt.

Der Rest wirft die vorhandenen Waffen auf einen Haufen und geht mit erhobenen Händen nach draußen. Sofort werden die Soldaten getrennt und durchsucht. Nicht einmal Taschenmesser oder Rasierklingen dürfen behalten werden.

Nun geht es erstmal zu einer Sammelstelle. Feldwebel Markquardt versucht, immer in der Nähe seiner Männer zu bleiben, doch es wird immer schwerer, sie im Blick zu halten. Ständig werden sie von einer Seite zur anderen gezerrt oder gestoßen.

Sie kommen zu einem zerfallenen Haus. Es hat noch eine intakte Wand. Markquardt wird zusammen mit Unteroffizier Neuhammer an diese Wand gestoßen. Dort müssen sie sich umdrehen, das Gesicht zur Wand.

„Aus. So soll es also enden", schießt es Markquardt durch den Kopf.

Doch es geschieht nichts dergleichen. Sie werden nochmals durchsucht. Brieftaschen, Uhren, Ringe werden abgenommen. Ein Russe nimmt Markquardts Brieftasche, öffnet sie, nimmt die Geldscheine heraus und wirft sie jubelnd in die Luft. Die Scheine flattern durch die eisig kalte Nacht und umwehen die gefangenen Soldaten. Das macht er bei jedem einzelnen Deutschen, der seine Brieftasche bei sich hat. Geld haben die Landser ja alle, denn der Sold wurde bis beinahe zum Schluss ausgegeben, nur hatte niemand mehr die Möglichkeit es auszugeben. Nun dient es zur Belustigung der Sieger.

Danach geht es weiter Richtung Wolga hinunter. Immer fünf bis sechs Mann nebeneinander. Feldwebel Markquardt und Unteroffizier Neuhammer laufen nebeneinander. Den Rest der Kompanie haben sie aus den Augen verloren.

Es stehen russische Soldatinnen am Straßenrand und bespucken die deutschen Soldaten. Wahre Hasstiraden hören sie. Hin und wieder versteht Markquardt einen deutschen Satz.

„Ihr deutschen Schweine. Ihr kommt nicht eher nachhause, bis Ihr Stalingrad wieder aufgebaut habt."

Fragend schauen Markquardt und Neuhammer sich an. Das sieht wohl auch ein älterer Soldat neben ihnen. Er trägt einen verschlissenen, dreckigen Mantel. Es sind keinerlei Rangabzeichen zu sehen. Der Soldat trägt ein abgetragenes graues Schiffchen und einen grauen Wollschal. An den Füßen hat er selbstgebaute Strohschuhe, wie viele deutsche Soldaten.

„Wundert Euch nicht. Viele der Russen hatten Deutsch in der Schule", gibt er bereitwillig Auskunft.

Es kommt kein Gespräch auf. Die Soldaten sind viel zu bedrückt, niedergeschlagen und ausgelaugt, um sich zu unterhalten. Sie ergeben sich schweigend in ihr unausweichliches Schicksal. Die Strecke wird immer länger. Erst geht es nach Norden an das eine Ende und dann nach Süden durch die ganze Stadt.

Überall stehen russische Soldaten oder russische Zivilisten. Einige Zivilisten kommen nun mit Eimern zu den dahinschlurfenden Soldaten. Die Eimer sind mit Wasser gefüllt und das kippen sie über die Soldaten. Markquardt und Neuhammer sehen es ein paar Reihen vor ihnen und können daher ausweichen, als sie an der Reihe sind. Doch der fremde alte Soldat wird voll erwischt.

Nun laufen die Zivilisten zwischen den dahinschlurfenden Elendsgestalten in Feldgrau. Sie untersuchen die Deutschen nach Ringen oder anderen übriggebliebenen Wertsachen. Die Offiziere, die mitten unter den Soldaten marschieren, sind noch schlimmer dran. Ihnen werden die Schuhe und Stiefel abgenommen. Meist sind die besserer Qualität, als die der einfachen Mannschaften. Die Offiziere müssen nun barfuss laufen. Wenn sie Glück haben, können sie sich schnell neue Stiefel von den an den Straßen herumliegenden Toten organisieren.

Die russischen Posten sehen das alles, unternehmen aber nichts. Die meisten haben noch ein hämisches Grinsen aufgesetzt.

Hinter einer Biegung werden die deutschen Soldaten nochmals durchsucht. Es werden ihnen die selbstgebauten Strohschuhe abgenommen und auf Berge geworfen. Davor stehen ausgemergelte Gäule und fressen sie genüsslich auf.

Die Deutschen werden jedoch weitergetrieben. Immer wieder bleibt einer stehen und fällt um. Die meisten von ihnen sterben sehr schnell. Wer zu langsam läuft, der wird von den russischen Wachen mit Gewehrkolben drangsaliert oder einfach erschossen.

Feldwebel Markquardt und Unteroffizier Neuhammer verlieren jedes Zeitgefühl. Es wird schwer einzuschätzen, wie lange sie bereits gelaufen sind. Irgendwann kommen sie in Beketowka an. Hier können sie eine Pause einlegen. Viele der ausgepumpten Landser fallen an Ort und Stelle in den Schnee. Otto Markquardt sieht mehrere Lautsprechertüten an den Wänden hängen und weist Neuhammer mit einem Fingerzeig darauf hin. Dieser zuckt jedoch nur teilnahmslos mit den Schultern. Sein Blick ist leer auf den Boden gerichtet.

Plötzlich erklingen Töne aus den Lautsprechern, eine Rede auf Deutsch.

Nach wenigen Worten hört der Feldwebel laute Rufe.

„Das ist doch der Göring!"

Die deutschen Soldaten trauen ihren Ohren nicht.

„Kommst Du nach Deutschland, so berichte, Du habest uns in Stalingrad liegen gesehen, wie das Gesetz, das Gesetz der Sicherheit unseres Volkes es befohlen hat …", tönt es blechern aus den Lautsprechertüten.

Wut, Trauer und Enttäuschung ist in den Gesichtern der Landser zu sehen, die in der Kälte stehen und stumm, teilnahmslos oder auch laut aufschreiend zuhören.

Als die Rede vorüber ist, hören die Soldaten Motorengebrumm und Kettenklirren. Einige T 34 Panzer kommen auf die Menge zugefahren. Sie fahren langsam, doch ohne Rücksicht darauf, ob vielleicht ein deutscher Soldat im Weg steht. Diejenigen, die nicht schnell genug weg kommen, werden einfach überrollt und in den Schnee gewalzt. Ein grauenhafter Anblick. Auf den Panzern stehen oder hocken sowjetische Kommissare. Es sind alles kräftige Kerle mit blauen

Schirmmützen und einem roten Band. Sie sind mit Karabinern bewaffnet.

„Hitler kaputt, Sie kaputt!", schreien sie von den Panzern herunter.

Die Stahlungetüme walzen über die Soldaten, die Kommissare schlagen mit den Gewehrkolben auf die Unglücklichen, die in ihre Reichweite kommen. So mancher sackt mit blutigem Schädel in den Schnee und wird von dem nachfolgenden Panzer erwischt oder bleibt einfach so für immer liegen.

Das provisorische Gefangenenlager in Beketowka ist eine große Betonhalle und das nähere Fabrikgelände. Alles ist provisorisch mit Stacheldraht umzäunt. Vor den Zäunen stehen die Russen und bewachen die deutschen Soldaten. Hin und wieder werfen sie wattierte Jacken oder wattierte Hosen zu den Gefangenen hinein. Dann beginnt jedes Mal eine riesengroße Schlägerei.

Zu früheren Zeiten war die Halle eine Maschinenhalle gewesen. Nun lagern die Sowjets dort Pferdemist und Munition. Viele der halberfrorenen Landser legen sich in die Halle, da es dort wärmer ist, als außerhalb.

„Lieber erstickt, als erfroren", ist das Motto, denn in der Halle gibt es keine Fenster und der Pferdemist stinkt.

Markquardt und Neuhammer bleiben außerhalb der Halle. Sie laufen langsam durch das Lagergelände und versuchen, bekannte Gesichter zu finden. Nach einiger Zeit geben sie es auf und suchen sich eine windgeschützte Ecke.

Im Lager gibt es keine Latrinen, kein Wasser, kein Essen. Die beiden Kameraden sitzen dicht aneinander gedrängt und tauen Schnee mit bloßen Händen, um wenigstens etwas zu Trinken zu haben.

So vergeht der erste Tag in Gefangenschaft. In der Nacht gesellen sich die beiden dann doch zu den Kameraden in der Halle. Draußen ist es zu kalt. Diejenigen, die es riskieren, draußen zu übernachten, sind am nächsten Tag zu einem großen Teil tot. Den Toten werden die Sachen abgenommen. Einige der Soldaten haben drei Hosen und zwei oder drei Mäntel. Auch Markquardt und Neuhammer organisieren sich weitere Kleidung. Zusammen mit ihren Zeltplanen bauen sie sich einen improvisierten Unterschlupf an der Außenmauer der Halle.

Früh am Morgen werden einige Laibe gefrorenes Brot in das Lager geworfen. Es reicht nicht einmal für ein Viertel der Kriegsgefangenen. Auch das löst zur Belustigung der Wachen eine wüste Schlägerei aus.

Zum Mittag kommen Ärzte und Sanitäter in das Lager, deutsche und russische. Die Insassen müssen in ein Nebengebäude eintreten und sich untersuchen lassen. Es werden allgemeine Untersuchungen durchgeführt. Die Gefangenen, die Goldzähne besitzen, haben jedoch ein Problem.

Ihnen werden ohne Narkose oder jegliche andere Betäubung die Zähne mit großen Zangen gezogen. Die Schmerzensschreie sind bis draußen zu hören.

Die erbeuteten Goldzähne werden bei den Russen abgeliefert.

Feldwebel Markquardt und Unteroffizier Neuhammer haben glücklicherweise keine Goldzähne.

Jeder, der diese ärztliche Prozedur überstanden hat, bekommt zwei Scheiben dünnes Kommissbrot zugeteilt.

Nachmittags werden Freiwillige gesucht, um mit denselben Ärzten Suchkommandos zu bilden und das Stadtgebiet nach Leichen abzusuchen, diese einzusammeln und dann gegebenenfalls ebenso die Goldzähne herauszubrechen. Dafür wird den Freiwilligen weiteres Brot versprochen. Die Freiwilligen sind schnell gefunden. Auch Otto Markquardt und Frank Neuhammer sind mit dabei.

Diese Beschäftigung geht ungefähr einen Monat so.

Tagtäglich werden Karren voller Leichen aus dem Lager geschafft, neue Gefangene kommen wieder dazu.

Mitte Februar geht es für den ehemaligen Feldwebel und den ehemaligen Unteroffizier weiter. Alle, die laufen können, werden in ein Hilfslazarett geschafft. Von dort aus soll es dann weitergehen.

Die Kolonne ist mehrere Tage unterwegs. Geschlafen wird in freier Natur oder, wenn sie Glück haben, in verlassenen Häusern, Ställen oder ähnlichem.

Eines Tages machen sie Rast in einem Dorf, das vielleicht 1.000 Einwohner hat.

Als die Gefangenenkolonne vom Gefangenenlager aufbrach, wurden 1.280 Mann gezählt. Als sie nun im Dorf ankommen, sind es 560 Mann weniger. Auch Unteroffizier Neuhammer ist nicht mehr unter den Lebenden.

Er schlief eines Nachts neben Markquardt ein und wachte einfach nicht mehr auf.

Für Markquardt geht es weiter. Er ist sich nicht sicher, wer von beiden mehr Glück hat.

ENDE

Ihre Zufriedenheit ist unser Ziel!

Liebe Leser, liebe Leserinnen,

hat Ihnen unser Buch gefallen? Haben Sie Anmerkungen für uns? Kritik? Bitte zögern Sie nicht, uns zu schreiben. Wir werden jede Nachricht persönlich lesen und beantworten.

Schreiben Sie uns: info@ek2-publishing.com

Wussten Sie schon, dass Sie uns dabei unterstützen können, deutsche Militärliteratur sichtbarer zu machen? Bitte nehmen Sie sich einen Moment Zeit und bewerten Sie dieses Buch online. Viele positive Rezensionen führen dazu, dass das Buch mehr Menschen angezeigt wird.

Sie können somit mit wenigen Minuten Zeitaufwand unserem kleinen Familienunternehmen einen großen Gefallen tun. Vielen Dank für Ihre Unterstützung!

PS: In seltenen Fällen kommt ein Buch beschädigt beim Kunden an. Bitte zögern Sie in diesem Fall nicht, uns zu kontaktieren. Selbstverständlich ersetzen wir Ihnen das Buch kostenlos.

Landser im Weltkrieg – **„Bruderkampf im Hürtgen-wald"** erscheint im Monat Juli als E-Book und Taschen-buch überall, wo es Bücher gibt!

Voß kniff die Augen zusammen, um zu erkennen, worum es sich handelte.

„Verdammte Sauerei! Das sind amerikanische Sherman-Panzer!" Er deutete auf die Schemen.

Die beiden Landser sahen noch das Aufblitzen des Mündungsfeuers der Kampfwagen, dann detonierten die Granaten auch schon mit einem ohrenbetäubenden Lärm. Sie duckten sich in ihr Schützenloch, Splitter und ein paar Brocken gefrorenen Schnees sausten über ihren Kopf hinweg.

Bevor die amerikanischen Panzer eine zweite Salve abfeuern konnten, sprangen Rauterkus und der Gefreite Hesse, ein Ersatzmann, in den Graben. Sie zogen eine Holzkiste hinter sich her und rissen sofort den Deckel ab. Zum Vorschein kamen vier dünne Rohre mit einer mechanischen Visiereinrichtung, an deren Spitze je ein dicker Gefechtskopf saß.

Panzerfäuste!

Unteroffizier Rauterkus biss die Zähne zusammen. Zehn, zwölf, vierzehn amerikanische M4 Sherman tauchten in seinem Blickfeld auf. Immer näher schoben sich die Ungetüme an die deutschen Stellungen heran. Der M4 war gut 30 Tonnen schwer, bewaffnet mit einer 75-Millimeter-Kanone und drei Maschinengewehren, einem schweren 12,7-Millimeter und zwei 7,62-Millimeter-MG.

Keine Neuerscheinung verpassen

und gratis E-Book sichern!

Tragen Sie sich in den Newsletter von EK-2 Militär ein, um über aktuelle Angebote und Neuerscheinungen informiert zu werden und an exklusiven Leser-Aktionen teilzunehmen.

Als besonderes Dankeschön erhalten Sie <u>kostenlos</u> das E-Book »Die Weltenkrieg Saga« von Tom Zola. Enthalten sind alle drei Teile der Trilogie.

Link zum Newsletter:
https://ek2-publishing.aweb.page

Über unsere Homepage:
www.ek2-publishing.com

Landser im Weltkrieg

kaufen!

Direkt zur Serie:

Eine Veröffentlichung der EK-2 Publishing GmbH

Friedensstraße 12
47228 Duisburg
Registergericht: Duisburg
Handelsregisternummer: HRB 30321
Geschäftsführerin: Monika Münstermann

E-Mail: info@ek2-publishing.com
Homepage: www.ek2-publishing.com

Cover/Umschlag: Kayla Pelgrim
Autor: Hermann Weinhauer
Lektorat: Martina Wehr
Buchsatz: Heiko Piller

1. Auflage
Druckhinweis:
Libri Plureos GmbH
Friedensallee 273
22763 Hamburg